說/故/事的人

03 發現美麗身影

STORYTELLER

鄭茹菁、卜堉慈等——著

出版緣起

慈濟人文真善美：見證與時代共善的生命豐華

他們往往是慈濟志工當中最早起床、最晚就寢的一群人。當慈濟志工忙於急難救助、營隊活動、人文典禮、社區帶動的大小場合裡，他們放下原本的任務，先幫忙搬桌椅、抬米糧、扶老幼、清髒汙、帶活動、陪掉淚……然後又要在眼淚還沒乾的情況下，馬上轉換心情爬到高處或蹲進低窪，用筆、相機或錄影機，為的只是留下一段紀錄，讓人間互動的真情，剎那成為永恆。他們就是慈濟獨有的功能團隊——人文真善美志工。

早在一九八九年十月十五日，為了讓慈濟人文能傳播得更久遠、廣闊，慈濟成立「慈訊筆耕隊」，志工開始承擔起記錄社區活動的使命；而後，再陸續加入拍照與錄影功能，並於二〇〇三年正式將文、圖、影三者合一，統稱為「慈濟人文真善美」，由慈濟基金會文史處一路陪伴至今。

慈濟創辦人證嚴上人多次肯定人文真善美志工，親身投入在第一線從事記錄工作，走在最前，做到最後，為慈濟記錄與傳布人品典範，讓文史流芳。「真的是值得褒揚的一群菩薩，出錢、出力，還要撥出時間，還要陪伴，不管上山下鄉，沒有他們，我們就沒有時代的見證，沒有社會的歷史，也沒有慈濟大藏經。慈濟的大藏經就是有這麼多的志工默默付出，而且堅定道心這樣地走過來。」

人文真善美志工沒有學歷限制，來自各行各業，各有不同的身分背景，卻因一個共同的志向：「為時代作見證，為慈濟寫歷史。」他們也像你我一樣，有著屬於自己的生命故事，也許曾歷經困頓、親人驟逝、生計窘迫、人際矛盾等等生命難題，然而，他們經由接觸慈濟、親身付出、記錄與見證中，也打開了自己的視野，重新活出生命風采。

二〇二〇年八月，上人期勉慈濟基金會文史處更積極地透過出版，為慈濟留下真實美善的足跡。上人多次表達，慈濟出書不是追求商業銷售數字，而是期待這些長年來默默付出的慈濟人，他們赤誠付出的一念心，能在歷史洪流中留下點滴印記。

二〇一三年，「慈濟人文真善美」成立十週年，慈濟全球資訊網策畫「說故事的人」專題，蒐羅這一群總是隱身在鏡頭後「說故事的人」，呈現長年以來自假自費做慈濟、寫慈濟故事的人文真善美志工故事，向這一群記錄他人故事的志工致敬。

事隔七年，多數主人翁仍活躍在慈濟付出無所求的場域裡，但也有已然圓滿一生的人格典範，這些故事仍讀之雋永，芳蹤仍猶如在眼前。此次再度集結成書，期盼讓更多他、你、我一起來看見美善並親身投入，書寫屬於自己與時代共善的故事。

推薦序

用人生　記錄人生

——賴睿伶（慈濟基金會文史處高級專員）

第一次見到「未施胭脂與抹粉」的慈濟志工所紀錄的影片時，我哭了！那段影片畫面是晃動的，聲音也是斷斷續續的，從電視台節目製作的角度來看，恐怕難以稱得上是可用的素材，但畫面中的影像，是志工深入到災難現場，站在苦難者的身邊所記錄下來的——我從影片裡聽到，不知是災民還是記錄者的嗚咽聲；從畫面裡看到，人與人之間，因相互擁抱而氤起的霧氣，朦朧了鏡頭。在看影片的當下，我鼻頭一酸，這部沒有任何旁白的拍攝帶，讓我觸動了心中柔軟的一塊，之後我才知道那是「慈悲」，才知道這群記錄的人有一共同的名字——

慈濟人文真善美志工。

我和真善美志工的關係，最好的界定詞應該是「同學」或「同修」。二〇〇三年，加入慈濟基金會工作時，我只是一名「慈濟的人」，對慈濟仍是一知半解。這一年，我所承擔的就是推動與培訓「文化三合一志工」，在那段對慈濟仍是懵懂的期間，那群資深的「文化三合一志工」就成為我的入門老師，他們教導我佛教儀軌、慈濟精神、社區運作和志工生態；我則以幾年的節目製作經驗當作交換，提供錄影專業、剪接技巧、撰稿採訪、專題企畫的經驗。

幾年來，真善美教我越來越多，他們的名稱也從「文化三合一」，改為「人文真善美」。我們一直相互成長，當我無法再給予他們我的專業時，我引薦專業的老師前來授課，但他們總是學習得很快。於是我提供的不再是專業，而是慧命的分享，而我也因為想要成為像他們一樣的人，我開始培訓並受證成為慈濟委員。

我相信，很多在慈濟從事人文紀錄的職工或志工，都是在慈濟的精神感召下，投入一場又一場，用生命紀錄生命的工作——我們與被紀錄者之間，因為這一場生命的互相傾訴，而成為彼此的力量；我們在他們的身上，不只是擷取、尋找答案，而是在互相撫慰，走過眼前的困難；我們總是彼此相惜、互有同感，因此我們見證了時代的真、善和美，也讓我們這個團隊持續成長。

生命終有盡，然而慧命無窮；感恩所有的人文真善美志工，為時代作見證、為慈濟寫歷史、為社會立典範。我也誠摯相信，這些我們共同努力完成的作品，將會比我們的生命都還更加長久，恆久地見證那時、那地、那人，曾有的剎那感動。謹以此書感恩記錄歷史的人，他們的身影也是慈濟歷史的一部分，他們的克服萬難、使命必達，造就出人間佛教不可缺少的重要篇章。

目次

【美之卷】全力以赴　享受過程

盡心耕耘　薪火相傳

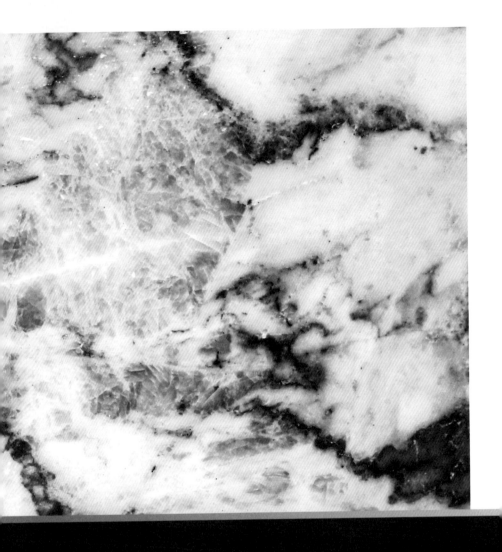

真——之卷

且將新火試新茶
筆耕趁年華

真之卷 ‧ 陳美羿

（攝影：洪晨軒）

一九四九年，國民政府撤退來臺的大時代，來不及適應政權交替，花蓮的一處小村莊傳來女娃兒的響亮哭聲，劃破黃昏彩霞，在裊裊炊煙中循著菜香，向人間報到。

女娃兒的父親出身重視教育的雲林廖家望族，家中即便是在日據時代也聘請漢學老師為子弟教授中文，漢學老師為女娃兒取名「美羿」，這隻「美麗的羽毛」，日後也成為慈濟藍天白雲裡，文字領域的領航者。

文字精靈　乘著文學的翅膀飛翔

美羿的父親從雲林到花蓮小村擔任糖廠監督，邂逅美貌的陳家養女，經打聽得知，求娶者必須入贅，並承諾第一個孩子繼承陳家姓氏，雲林青年為愛拋棄世俗，成為陳家的上門女婿！

因此，廖家女兒名喚「陳美羿」。當時的臺灣剛剛光復，百廢待舉，居住在花蓮鄉下尤其困難，沒水沒電，更沒有所謂的兒童讀物；學校只有教材課本，三年級以後才有分發各班級的《國語日報》，升上五年級才有幸借閱同學哥哥、姊姊的漫畫書，愛字如癡的小美羿因而有機會接觸到課外書，那是她小學時代的兒童讀物之一。

好景不常，因父親早逝，母親再嫁，美羿被留給外祖父母扶養。外祖父非常自律，沒有抽菸、喝酒、賭博等壞習慣，所以陳家生活穩定，不愁吃穿；外祖母種菜、賣菜補貼家用。當村民吃地瓜籤度日，陳家餐餐都有白米飯；當鄰居的舊衣服滿是補丁，美羿總有新衣服亮相；當大家都打著赤腳出門，美羿從木屐一路穿到布鞋、皮鞋，終其一生沒有打過一天赤腳。

比之於周遭同學，美羿的童年非常幸福、快樂。外祖父母視她如掌上明珠，隔代教養的家庭滋養出一個不平凡的小女生，她喜愛閱讀，成績優異，又樂於助人。當年的村中人大多為不識字的白丁，村民與村外世界的往來通信全靠小美羿，她自小學時代起即是村人皆知的「代書」，小小年紀就開始幫村人寫信給外地親友。

小學五年級，舅舅送給美羿一本《紅樓夢》，雖然只有上冊，還有點殘缺不全，卻被她視為珍寶。在貧窮鄉下生長的小美羿，似懂非懂的閱讀著與自己生活環境迥異的另一個世界。她無法想像大戶人家的奢華，不能理解怎麼一個人會有二十幾個丫鬟伺候？但是她讀得津津有味，一讀再讀，她笑道：「每年必須重讀一次。」以致從頭到尾幾乎背得滾瓜爛熟。無獨有偶，很有學問的廖家伯父也會寄兒童繪本給美羿，並在她很小的時候就要求她背下《滕王閣序》，對古文一知半解的小孩子聽話照做，或許是流在美羿身上的廖家血液，喚醒了熟悉古文的基因，她竟在似曾相識的摸索之間順利背了下來。

初生之犢　投遍天下無敵手

當美羿就讀第一屆草創的初中時，學校要老師沒老師，要資源沒資源，校內的書籍極少。所幸還能採買課外讀物，當年學校每買一本新書，美羿就讀一本，舉凡《茶花女》、《咆哮山莊》、《簡愛》、《基度山恩仇記》等文學巨著都被她一網打盡，只覺得「怎麼會這麼好看？」從此養成了大量閱讀的習慣，十二歲起就每個禮拜撰文向外投稿，而且每投必中！

喜歡閱讀的美羿功課很好，高中聯考時，連中花蓮女中狀元、五年制師專及三年制師範學校，還上了花蓮地方報的頭條新聞，記者形容陳美羿是「徘徊在三叉路口，不知何去何從？」的學生。就連花蓮女中校長也派員登門拜訪，提出三年免學費的優惠邀她入學就讀。但美羿不忍加重家中二老的壓力，最終選擇三年制的師範學校，因為住校、讀書、學費全免，畢業後還直接分發教書，絲毫沒有學費及就業的憂慮。

師範學校有很多書，也有很多社團，美羿參加寫作社，當年的寫作社張貼佳作在學校走廊的牆上，手稿書寫的文章吸引許多學生圍觀欣賞，讓她很有成就感。

她也開始寫小說向坊間刊物投稿，陸續獲得報刊雜誌採用刊登，包括當時很多才子才女、明星作家發表作品的《文壇》。畢業後，美羿邊教書邊寫作投稿，當年的《中國時報》、《聯合報》及《中央日報》

都常見她的文字，也在《國語日報》寫童話故事及生活小品，陳美羿展現了旺盛的創作能力。

美羿有活力，更有豐沛的情感與正義感。她曾教過一位父母雙亡的女學生，小女生跟著酒鬼繼父及兩個弟弟一起生活，得包辦煮飯、打掃、洗衣服等全家家務，但還是動輒遭受打罵。當美羿看到傷痕累累的學生，知道是繼父用鐵絲捆綁雙手而受傷，二話不說氣極的帶著女孩去派出所報案，警察找來酒鬼繼父，美羿不懼對方的惡形惡狀，挺身在學生身前，為女孩討回公道。

那麼，當下問題解決了，孩子的往後該如何是好？這個故事後來被美羿寫成一篇報導，刊載在《中央日報》，因花蓮民風純樸，村人同情並關注受虐女生，美羿得以借輿論，規範酒鬼繼父的家暴行為。

愛讀書的美羿收入穩定之後，邊教書邊參加「在職進修」，先後進修於五年制女師專及師範大學，並在師大畢業以前完成終身大事、成為人母。

月刊專欄　驚見文字的力量

一九八六年，剛剛走入慈濟的美羿形容自己「傻乎乎」，只要證嚴上人來臺北，就會找機會去隨師旁聽。

有一天，看著比自己年長十二歲的上人從早到晚行程不斷，晚上還要跟醫師開會，便好心進言：「晚上還要開會，您要不要先去休息一下？」

沒想到，上人看她一眼說：「晚上睡覺都感覺可惜，更何況是大白天呢？」從此，美羿也不敢懈怠，把握每一寸光陰，為慈濟留歷史。

早年的《慈濟月刊》少有外稿，內容大多為上人開示、佛法及徵信名單，直到一九八八年美羿受德宣師父及志工紀陳月雲鼓勵，在《慈濟月刊》開闢〈微塵心蓮〉專欄，這才開始有固定的人物報導及慈濟小故事加入月刊的行列。

有一次，美羿在文化中心看到幾位師姊正在翻過期的《慈濟月刊》，很好心地告訴她們：「這些都是舊的啦！新的在那邊……」那幾位師姊表示：「我們來自美國，因為船運緩慢，尚未收到最近幾期，沒看過的就是新的。」雙方互動之間，美國師姊看到美羿的識別證，高興得跳了起來：「原來妳就是陳美羿？我們每一期都看妳的文章，好喜歡妳哦！」然後，彼此輪流緊緊擁抱，感覺歡喜的眼淚幾乎奪眶而出……

美羿第一次發現，原來文字可以跨越時間、空間的距離，傳到那麼遠的地方與人結緣，當下她下定決心：「我要繼續寫，跟許多人結善緣。」

〈微塵心蓮〉的專欄寫了好幾年，有一次美羿去花蓮，收到讀者寄給她的明信片，地址寫的是「花蓮慈濟醫院陳美羿」，來信自稱是美羿的忠實讀者，每一期都看她的文章，建議結集出版發行。

美羿開心地向上人獻寶：「看！地址寫的『花蓮慈濟醫院』，我都能收到耶！」上人幽默的回道：「很多人寫信寄給『臺灣證嚴法師』，我也收到了！」

一九九三年出版的《微塵心蓮》一書在一年內連印了二十幾刷，好多人一箱又一箱的買去與人結緣，可見其受歡迎程度！〈微塵心蓮〉專欄經過四年多的經營，終於結集出版《微塵心蓮》、《感恩的心》、《愛的陽光》三本書，圓滿了讀者的請願。

文人相親　筆耕隊寫出新天地

一九八六年，普門文庫捐給慈濟後，除延續原來的會員制辦理「雙月贈書」，並於八月一日成立「佛教慈濟文化服務中心」，九月一日發行《慈濟道侶半月刊》，做慈濟訊息的即時報導；《慈濟月刊》則定位於深度報導。

一九八九年，中心行政主任楊亮達鑒於專職人員不足，稿源極缺。恭呈公文正式向上人請求，希望能成立「寫作志工」，指派美羿號召喜愛寫作之人一起為慈濟寫歷史。

於是「慈訊筆耕隊」於一九八九年十月十五日正式成立，作為指導老師的她從此被暱稱為「美羿老師」，這支隊伍其後更名為「筆耕隊」，被推崇是慈濟文字志工的基礎。為了推動「筆耕隊」，美羿全臺灣跑透透，不論是哪一個縣市、哪一個鄉鎮，只要有人邀請，她就不辭辛勞的跑去與大家共修。美羿老師在帶動文字志工的工程上，有著歷史性的貢獻。

她不曾細想「喜愛寫作之人」與「勝任寫作之人」的距離究竟有多遠，美羿老師牽起了眾多執鍋鏟的手、灑掃庭院的手、粗糙的手及細嫩的手向前行，她引用上人的話鼓勵「筆耕隊」：「你們會說話嗎？會寫字嗎？只要會說話、會寫字，就會寫文章。」

怎樣是一篇好文章？上人進一步開示：「真實的，寫出來人家看得懂的，就是好文章。」

「慈濟是『百千萬劫難遭遇的』，我們何其有幸，跟上人在同一個世代，同一塊土地上，要好好珍惜啊！」美羿苦口婆心，再三的說：「慈濟是全臺灣、全世界、全人類最珍貴的資產，慈濟歷史如果沒有好好留下來，那就太可惜了。」

為了鼓勵創作，在臺北美羿親自帶領的「筆耕隊」，隨緣分成五組，每組有一位小組長就近關懷，美羿老師每週一次統計文稿，五組之間良性競爭、百花齊放。稿源多了，而慈濟當年僅有的兩份刊物篇幅有限，有些屢屢不獲刊載的筆耕志工因而告別筆耕，所幸也有志工不屈不撓，雖文章石沉大海數百篇，仍屢敗屢戰。

有人形容初見美羿老師，就像一座不苟言笑的山，讓人又愛又怕，只好像學生般乖乖聽話。曾有一位志工提起往事，當年她奉派製作海報，美羿老師竟把她密密麻麻的文字全部刪除，因為海報只需要圖片、標題及簡單的幾個字，所以美羿老師刪除冗長的文稿，簡單提了十個字取而代之。但這位師姊折服於美羿老師的真誠指導與精準實力，至今仍留在筆耕的崗位上努力不倦。

筆耕隊成員與美羿老師相處日久，都能發現她威嚴之外，是更多綿延不絕的耐心指導。每當志工遇到瓶頸，美羿老師都會單獨約志工坐下來，逐一修正不妥之處並進行討論，無論資質潛力高低都用心陪伴，營造一個文人相「親」的家，指導每一位筆耕志工的文字從生澀到成熟，到獨當一面！

在美羿老師心中，筆耕隊不是紙上談兵的隊伍，每個人都要接任務、上「戰場」，學會駕馭文字之後，就要承擔為慈濟留史的使命。

二〇〇〇年十月，當新加坡航機空難和象神颱風先後重創臺灣，美羿老師冒雨奔赴前線，筆耕隊全體總動員寫了上百篇報導，其中〈基隆河畔．藍天白雲——象神風災特別報導〉榮獲臺北市新聞記者公會的「社會光明面新聞報導獎」雜誌類佳作獎，這是美羿老師帶領「筆耕隊」交出的亮眼成績單。

「筆耕隊」成軍十三年，直到二〇〇三年慈濟設置文發處，整合筆耕隊、印象志工及錄影志工，正式改名為「文化三合一」，後來的「三合一」再度易名為「人文真善美」，美羿老師仍與志工保持密切聯繫，隨時準備集結老將、新兵一起創作新書。

天災人禍　震出塵封四年的筆

除了帶動他人寫作，美羿老師也沒有放下筆桿。早年她的作品廣涉童話、散文、小說、隨筆、人物報導等多元化層面。加入慈濟之後，她就以慈濟為唯一的題材。但是她未曾料想自己的人生劇本竟有棄「筆」從「電視」的一幕！一九九五年，她隨師返回臺北，電視節目《慈濟世界》即將開播，看上她的快筆和才華，徵召加入臺北的視聽小組。兩年的《慈濟世界》加兩年的《大愛電視》，美羿老師走入嶄新的傳媒新視界，卻荒廢了筆耕，整整四年，她的寫作歲月像沙子般從指縫間流逝……

一九九九年發生九二一地震，全臺記者大多已集合在災難現場採訪，美羿老師因大愛臺《人間菩提》節目的工作而延遲出發，來到臺中，上人叮嚀她：「希望妳不要漏掉慈濟的歷史。」

於是美羿老師背起電腦深入災區，映入眼簾的是斷壁殘垣、流血哀號，她走著走著，跑著跑著，跟著志工上上下下忙碌了十天，卻腦海一片空白。入夜後打開電腦，雙手攤在鍵盤之上久久無法動彈，只見游標在藍色螢幕中閃著寂寞的跳動……永遠文思泉湧的美羿老師竟對著電腦發呆，聽不見手指敲打鍵盤的聲音，只有躲在暗處的靈魂輕輕嘆息……

慈愛的上人關心美羿老師的報導，問她：「看到什麼？寫了什麼？」不料美羿老師突然間淚如泉湧，孩子般的哭泣起來，她感覺自己的心被掏空了，卻說不出有多痛……只聽見上人交代：「慈濟醫院有心理醫師，妳去找他談一談。」

又過了幾天，上人在早會開示：「看到災區的景況，許多人無法承受，心理受傷。要化哀傷為力量，不跳脫出來，會成為一顆種子，種在八識田中，生生世世跟著你。」

美羿老師這才如遭雷擊，流著眼淚打開電腦，以臺北東星大樓為題，在鍵盤上敲打出〈守候一個夜〉，九二一地震震出了她塵封四年的筆，再次號召各縣市筆耕好手，從地震、大愛屋寫到希望工程，詳實記錄慈濟在這個世紀災難中的每一個足跡。

除了九二一地震，美羿老師還追蹤一九三五年的關刀山大地震。甚至隔年元月遠赴日本觀察阪神地震五週年的復甦與重建，她走過大街小巷採訪所寫出的〈不死鳥〉堪稱報導文學的經典，這篇文章還被翻譯成英文和日文。

重拾舊筆的美羿老師越戰越勇，在九二一後還挑戰海外採訪報導，出版了《牽你的手慢慢走》及《種在星月下的種子》兩本書。

前者赴中國海南島十天，後者飛往土耳其一個月。尤其是後者，在語言不通、飲食習慣迥異的異國他鄉，克服種種困難，寫出感人肺腑的難民故事。美羿老師說：「寫作沒有捷徑，我必須身臨其境，親自採訪當事人，才能寫出滿意的作品。」

早在二〇一五年，就有志工遊說美羿老師撰寫海南王菊師姊的感人故事，直到王菊夫妻於二〇一七年二月返臺復診時，美羿老師才敲定採訪的行程。經過海南之行的朝夕相處，返臺後的美羿老師將所見所聞化為文字，並透過微信無障礙視訊通話，兩岸之間零距離進行補充採訪或交叉印證，工程之繁瑣可謂空前。

王菊從海南嫁到臺灣，遭遇先生車禍命危，歷經生死拔河，從植物人復健出孔武有力的蠻夫，十多年來百般折磨，依然不離不棄，牽他的手一步一步慢慢走。在王菊女兒眼中：「老媽是個超人，不是凡人」，在故事男主角心中：「沒錯，王菊是菩薩，是我的救命恩人。」

觀察這位被大家形容成「不是人」的偉大女性，美羿老師決心以文字歌頌愛，更牽著王菊的手四處推廣這本書，讓更多人認識所謂真愛，學會如何愛自己最親的人。從此她從作家晉級「名嘴」，常常有單位邀約演講並高朋滿座。

二〇一一年敘利亞內戰爆發，五百多萬人逃離家園，其中兒童占了半數。土耳其基於人道與區域穩定考量，陸續接納超過三百六十萬敘利亞難民。美羿老師應慈濟人文志業中心之請，於二〇一八年背起行囊飛越千山萬水，深入土耳其採訪記錄難民的辛酸史。

美羿老師與志工文素珍結伴飛去伊斯坦堡一個月，在土耳其慈濟人胡光中、周如意及余自成的引導下，白天一站又一站、馬不停蹄的採訪，黑夜在淚水中整理錄音檔和照片，詳實撰寫的《種在星月下的種子》，就是為了讓世人了解「戰火無情，人間有愛」。而上人為她的書做了最好的註解：「希望孩子們的認知不只是戰爭、轟炸、死亡、逃難……透過愛的滋養，能將他們心中仇恨、怨懟的根苗拔除，再種下愛。」

然而不為人知的是，當美羿老師從土耳其回家之後，一度變得易感而脆弱，在《慈濟月刊》擔任記者的兒子葉子豪推測，應是近距離接觸敘利亞劫後餘生的人所衍生的後遺症，於是陪她觀賞電影《私人戰爭》——那是戰地記者瑪麗·柯爾文的故事，她三十年間奔赴各戰場報導，因為目睹戰爭現場而痛苦不堪，最後在敘利亞冒險直播，因衛星電話被鎖定轟炸而殉職，其犧牲了生命，把戰爭的真相告訴世人。

算是走上「半前線」的美羿老師與瑪麗·柯爾文並無二致，都是為了告訴世人「真相」，為了阻止戰爭帶來的更多災難。

隨著年歲漸長，兒子不忍見母親辛苦寫作，常勸她放慢腳步，但美羿老師知道上人希望為慈濟「多發掘、多培養人才」，因此在「帶隊創作」上從不停止腳步，總是指導更多文字志工為慈濟留歷史。

二〇〇二年出版的《一個超越天堂的淨土》及二〇〇五年出版的《我在，因為你的愛》就是美羿老師帶領筆耕隊聯合撰寫的早期作品。

由於過去醫學落後，痲瘋病被視為無藥可治的絕症，凡是被送進「樂生療養院」的病人，就等同被判了終生監禁，從此與世隔絕、等待死亡。一九七八年九月，上人初次探訪樂生療養院，從此啟動了慈濟與樂生病友的善緣。

在美羿老師的策畫之下，筆耕隊友聯合撰寫的《一個超越天堂的淨土》，講述痲瘋病人聽到慈濟廣播電台的呼籲，慷慨捐出棺材本，護持上人在花蓮興建醫院的感人故事。出版後一年內連刷三十幾版，在當年被譽為「臺灣社會最動人的篇章」。

如今，書中九位菩薩先後往生，所幸有文字記錄他們超越地獄到天堂的心路歷程，痲瘋病人的生命故事雖已沒入歷史的洪流，但他們勇行菩薩道的精神毅力將永遠留存人間！

《我在，因為你的愛》講述的是十二則器官捐贈的故事，用千縷柔情訴說捐贈者的心願、受贈者的感恩、以及親人的難以割捨之情，讓閱讀者無人不落淚。慈濟用器官捐贈證明遺愛人間的行動意義；筆耕隊用一篇篇感人的故事勸導世人放下「留全屍」的觀念；而上人用佛法開示：「如有這份菩薩的施捨心，就是尚有一口氣在，讓人節節肢解，也不生瞋恨心，何況一息不來呢？如能把器官捐贈給需要的人，亦如延續自己的生命，多麼有價值。」

誠如美羿老師所寫：「沒有人知道，是無常先到？還是明天先到？但是，我相信，死亡不是落幕；往生也可以重生。當我沒了呼吸，停止了心跳，或醫師宣判我已經腦死。請別急著為我哭泣，因為我還要創造奇蹟。」而《我在，因為你的愛》的出版也創造了奇蹟，大家慢慢接受器官捐贈的觀念，挽救了許多人的生命。

耳順之年　仍領志工寫作不停歇

平心而論，組織團隊集體創作更勞心勞力，帶隊指導真善美志工完成寫書的任務，比起她自己寫要花費更多的時間及精力。

二〇一八年，美羿老師又有創舉，從臺灣挑選六人小組，合作撰寫美國志工王慈倫的故事，以慈倫師姊的角色做出發，穿插帶入美國志工的慈濟足跡。然因疫情影響，至今尚未付梓，讓等候拜讀的讀者望穿秋水。

二〇一九年底，從創作浩瀚的天空中回歸社區，美羿老師號召志工撰寫「三重新芽課輔班」的故事。

三重新芽課輔班收容父母吸毒、入獄、酗酒、賭博或家暴的小孩，他們在惡劣的環境中成長，如果任由發展，很可能一輩子輪迴在毒與賭之間，最後複製上一代的軌跡，造成社會問題。慈悲的慈濟志工江柑提供一層樓作為教室，聘請社會菁英前往授課，其中有年輕的資訊工程師、慈青學長、退休教師、警察、教授、銀行主管，甚至外籍老師等各行各業的高級知識分子，默默奉獻十二年，輔導過一百多個弱勢家庭的小孩。這個課輔班有江柑媽媽的愛，有老師一對一的指導，很多孩子在這裡得到教育，翻轉了他們的人生，前途轉為光明。

全書將採訪十二位在弱勢家庭成長的小孩，分享他們翻轉人生的故事；另採訪十二位輔導功課的老師，敘述他們將「出身不凡」的小孩導入正軌的心路歷程。

在美羿老師眼裡，事無大小，無論悲喜都是有意義的故事；在文字與教育的世界中，她找到了最愛。時光靜好，與君語；細水流年，與君同；繁華落盡，與君老，而寫作是她永不變心的「君」。美羿老師說：「在生命中，能找到『最愛』，且如願從事，是幸福無比的！」而堅持寫作、筆耕不輟的她，是最幸福的女人。

（文：鄭茹菁　報導　二〇二一年二月十八日）

作品集

單行本

《微塵心蓮》（一九九三年　慈濟文化）

《感恩的心》（一九九六年　南宏出版社）

《愛的陽光》（一九九六年　南宏出版社）

《不死鳥》（二〇〇四年　靜思文化）

《紅塵好修行》（二〇〇八年　靜思文化與時報文化）
《咫尺幸福》（二〇一三年　慈濟道侶叢書）
《紅塵詠歎》（二〇一四年　慈濟道侶叢書）
《牽你的手慢慢走》（二〇一七年　慈濟傳播人文志業基金會）
《種在星月下的種子》（二〇一九年　慈濟傳播人文志業基金會）

策畫合著

《一個超越天堂的淨土》（二〇〇二年　靜思文化）
《我在，因為你的愛》（二〇〇五年 靜思文化與聯合文學）
《音緣廣播，行願三十》（二〇一五年　廣播部出版）
《愛之緣》（二〇一七年　屏東分會出版）

策畫編輯

《慈懿父母心》（二〇〇七年　慈濟大學）
《慈懿有愛》（二〇〇七年　慈濟技術學院）

最後一封email

真之卷

林榮助

（攝影：賴進源）

「慈濟人列傳有需要末學幫忙嗎？長時間無法勝任勤務，但我可以利用身體許可下，在家寫寫稿，還有那些菩薩未寫？能給我機會嗎？」二〇一二年六月九日，林榮助發出最後一封，希望能給自己付出機會的電子郵件；精進不懈的他，在六月二十日完成了員林第一顆種子——洪謝雪的慈濟人列傳，這也是他的遺作。

「我要趕快把身體養好，再出來做人文真善美。」言猶在耳，卻沒想到，林榮助再也回不來了。

這些年來，林榮助因為免疫力下降的緣故，氣喘經常反覆發作，多次進出醫院。七月三日再度住院時，不論是慈濟法親或是家人，總以為他只要過幾天就可以出院回家，七月十三日卻突接惡耗，傳來他病逝的消息。

儉樸淳厚心中藏　為人耿直不巧言

六十四歲的慈濟志工林榮助，在人文真善美已有將近二十年的實務經驗，集文字、錄影、攝影三項功能於一身的他，在慈濟中是鮮少有的人才，經常可以在彰化員林社區的大小活動中，看見瘦弱不高的他，承擔紀錄留史的身影。出班時，學習者或許有時會被他嚴謹的個性給震懾，但他的不吝於分享學習心得，讓初學者從中成長不少。

小時生長在彰化縣田中鎮，鄉下人的儉樸淳厚，深深的影響了他的個性，就像證嚴上人賜給他的法號「惟耿」：為人耿直，不取巧造作。後來雖因工作及家庭的因素，長居臺北，卻過不慣都會區緊張、跟時間賽跑的生活。在郵局擔任主管的他，好不容易捱到退休之日，二○○九年初，便獨自一人回到彰化縣員林鎮定居。

一九九六年受證慈濟委員。未受證前，就承擔為慈濟記錄留史的工作，四年前，當他剛回到彰化員林，面對一個陌生的新社區，他向鄰居詢問著：「慈濟員林聯絡處？」

面對一個人生地不熟的地方，他不經意的走到「慈濟員林環保教育站」，看到偌大的「慈濟」二字及其標誌，是唯一讓他感覺到親切的地方，因為他知道，即使他不認識裡面的人，但身穿藍天白雲的法親，就形同他的家人，大家一定會竭誠歡迎他的回來。

找到對的方向　聽君一言用無窮

「『做攝影的人，要站對位置、找對方向，再加上自己的技術，一定可以拍出一張很好的相片』當我聽到他說這句話時，就知道，他很專業。」蕭振謙回憶二〇〇九年，林榮助曾對他說過的這一番話，讓他至今仍受用無窮。

當時承擔社區幹部的蕭振謙，得知社區有位剛從臺北板橋回歸的真善美志工，便邀約環保站負責人江銘桂及幾位志工前去林榮助家中拜訪關懷，蕭振謙道：「林師兄說的話很有道理，『位置及方向』的確是滿重要的，就像我們進入慈濟，也是因為找到『對』的方向，如果能在菩薩道上一直往前走，就肯定ＯＫ的！」

做事負責，處事低調，不多言語，林榮助相當熱愛人文真善美，個子雖小，精力卻相當充沛，就算是一整天的勤務，也從未聽他喊過一聲累！回到家，放下攝影機，馬上整理當天的錄影資料，一天內就能完成文字及影帶的紀錄工作，做事情絕不拖延，常常第二天就能在「慈濟全球社區網」看見他的作品。

林榮助做事態度認真，總是希望把事情做到最好。勤務出班中，經常可見他用心專注的神情，眼睛直盯著錄影機上的小螢幕，瘦小的身軀，錄影機的重量確實讓他拿得有些吃力，但為了讓畫面唯美及穩定，他用肩帶及腳架來克服，希望能替社區留下更多好的畫面，為慈濟人留下珍貴足跡。

健康不復再　列傳遺作永留史

「師兄，我最近身體還好，如果有不要太勞動的勤務可以安排我。」「看到你們身體健康，可以出來付出真好！」「我要趕快把身體養好，跟你們一樣，趕快把我的錄影機再重新拿出來用。」這是近一、二年來，員林慈濟人最常聽見林榮助說的話，他多麼期待著自己的身體可以恢復健康，跟著大家再一起出來付出。

從二〇〇九年返回彰化至今，林榮助在社區完成約二十五篇的大藏經。但這段時間以來，慈濟法親得知他身體不適，社區有勤務也不太敢邀約，希望他能好好調養身體、安心養病。

人文真善美志工卜堉慈道：「社區裡有林師兄這樣集三樣功能於一身的人，真是社區之福，因為在勤務派班時，確實幫忙減輕不少的壓力，而且他不挑工作，配合度又高。」

擇善固執大丈夫　精進好弟子

林榮助除真善美勤務外，也積極參與其他社區活動，像環保、訪視、助念等。前年（二〇一一年），他身體已開始稍稍出現不適，也是跟著大家一起參加經藏綵排；八月二十八日，在彰化體育館舉辦的《法譬如水》經藏演繹，他突發氣喘，即使戴著呼吸器，仍堅持著要入經藏。

二〇一二年七月十三日，得知林榮助情況不佳，人文真善美志工簡淑絲帶領員林團隊前往醫院探望，雖未能來得及見上最後一面，見林榮助走得安祥，淑絲雙手合十祝福著：「多年來，您在人文真善美的用心與付出，集文字、攝影、錄影、剪輯專業於一身，師兄的精神與毅力，永遠留在每一個人的心中，我們都是上人的好弟子，換掉不好的色身，祝福您早日乘願再來！」

志工蕭振謙很不捨的說：「看到一個這麼精進的師兄離開我們，心中雖充滿著不捨，也祝福他能早去早回，數年後，慈濟若再舉辦水懺演繹，也許他已乘願再來，變成一個四、五歲的小菩薩，跟著志工一起參加展演。」

林榮助剛回到員林時，無意間走到環保站，而認識了志工江銘桂，對林榮助相當的感恩與讚歎：「他雖然身體不適，也常到環保站做回收，他很節儉，家裡不裝冷氣，卻很捨得付出，和太太原麗萍看見環保志工用刀子割著寶特瓶的塑膠瓶蓋覺得很危險，便布施兩臺『切除寶特瓶頸膠圈』的機器，希望這些阿公、阿嬤們能做得更安全。」

人文真善美志工朱森林也道：「記得剛回員林的他，住在一棟大樓頂樓，當時正值酷暑，家裡居然沒裝冷氣，看他瘦弱的身軀，可知節儉成性，而人文真善美使用的攝影器材，他卻一點也毫不吝嗇，真的是『走在最前，做到最後』。」

捐出生前錄影器材　遺愛社區

林榮助臨終前，仍心念「慈濟」，交待妻子：「自己往生後要捐出『大體』，錄影器材請人文真善美志工賴進源代為處理。」因體重太輕，大體後來沒能如願捐出，雖當不成「無語良師」，但他捐出生前使用的器材，卻能替社區「留史」，是真善美的最佳典範。

二〇一三年七月十六日晚上，慈濟志工江素月等八位志工來到林榮助的家，感恩家人代他捐出攝影器材及相關周邊產品，共有十樣，並允諾會將它們放置在員林聯絡處，繼續延續著社區的紀錄工作。

同時，慈濟人也送來奠儀金，太太原麗萍知道先生生前十分捨得付出，不僅將奠儀金全數捐出，還多捐了一萬元，讓在場的志工看了都相當的感動，原麗萍道：「先生往生時，有很多慈濟人來為他助念，讓我看了很感動，他生前就有交代，將攝影器材留在社區，讓會使用的人善用，希望能繼續傳承下去。」

天下父母心　病榻對子說出愛

父母都有望子成龍、望女成鳳的心態，林榮助當然也不例外，生前不苟且的嚴謹態度，也盡顯在他的家庭生活上，對孩子管教嚴厲，要求甚高，父女間平常鮮少說話。在加護病房末期，林榮助幾乎已無法言語，孱弱的身體即將耗盡，卻仍吃力的在白板上寫下獨生女林佩瑜的名字，並對她說：「爸爸愛妳！」

聽到爸爸對說出愛，佩瑜哭紅了眼。父親臨終前，佩瑜未能在床榻前多說一些讓他安心的話，僅對他說出：「我會好好照顧自己及媽媽。」往生（二〇一二年七月十三日）的當天晚上，女兒佩瑜錄下了想對爸爸說出的話，希望在二十四日的追思會上播放，讓爸爸在天之靈也能聽見。

身懷六甲、將為人母的林佩瑜說：「爸爸，我有時跟您意見不合起爭執，不是故意要頂撞您的，雖然，您對我很嚴格，但很謝謝您，讓我培養了讀書的好習慣，我會好好學習如何當一個好父母，很多事情希望您都能放下，不管好的與不好的都過去了，未來的您，希望能快樂一點，不要像生病時那樣的痛苦……」

林榮助參加人文真善美近二十年來，參與過一九九五年的板橋瓦斯氣爆、一九九六年賀伯風災、一九九八年大華航空難、二〇〇九年的八八水災等紀錄，為慈濟留下很多歷史見證。如今這位長者「慈悲喜捨」的大愛精神仍在人間延續，值得後進們學習！

（文：卜埼慈　彰化報導　二〇一三年七月三十日）

將心比心 做掘井人

真之卷

吳惠珍

（圖右，攝影：張晶玫）

「日本三一一地震後，我和慈青鍾佳玲兩個是往外衝的，人家是避難，我們是帶著相機、攝影機去拍，立刻去探查發生了什麼事情。這就是我們的一種本能，要去記錄歷史留下來的痕跡。」日本人文真善美志工吳惠珍，想起多年前的災難，仍然餘悸猶存，也留下在災難中成長的故事。

患難真情　傳愛全球

二〇一一年三月，慈濟日本分會湧入許多因電車停駛、有家歸不得的日本民眾，志工們紛紛送上熱茶。

當時負責記錄的吳惠珍心中充滿掙扎，她想著：「地震當晚，日本分會湧入一群休息人群，我可以拍照嗎？日本人對於隱私權這麼看重，我該如何用日文去問他們『我可以拍照嗎？』才不會唐突呢？」幾位民眾來休息以後，志工們拿起簡介手冊跟他們介紹慈濟，吳惠珍心想這個身影一定要留下來，便拿起相機這邊拍、那邊拍，又怕被別人發現出聲遏止，藏著身影走過去，才留下這些珍貴畫面。

在臺灣成長、日本求學的吳惠珍，與日籍先生池田浩一結褵許久。在做紀錄的過程中，她看到很多人遇災淨往國外跑，但當下日本分會的志工只有一個想法：「人家向外跑，我們就留下來，和日本人一起存亡。」患難見真情，在歷史的紀錄中彰顯露出，而吳惠珍透過鏡頭傳達。

救援工作需要協調許多單位，臺灣物資很快的送至日本，日本分會的志工們忙碌的聯繫各單位。開完會後的深夜，負責協調的志工陳金發，背著手凝視窗外，天色一如他的心情，沉重黑暗。吳惠珍捕捉了他沉思的背影，留下一禎意境深遠的照片。

吳惠珍說：「那時候，我感受到一種沉重，先是看到陳金發師兄很快的從臺灣來到日本，讓我們嚇一跳，想說人家都往外跑，你怎麼往裡面跑，我很感動，因為從他的背影中，感受到他的悲心與使命感，我眼淚就不聽使喚的掉了下來。」這樣的勇氣，這樣的使命，這就是慈濟人。

歷史紀實　毫釐較真

在死傷難以計數的大型災難，需要的紀錄是長遠又深刻的，單靠日本分會為數不多的志工實在難以負荷，於是臺灣大愛電視臺，派出許多記者與人文真善美志工紛沓湧至。吳惠珍隨著紀錄團隊進行編採會議，討論各項勘災、發放的紀錄工作，也學習到許多寶貴的經驗。

為了採擷好的畫面，臺灣志工快速的拍攝許多手握手的畫面、披上薄毯的畫面或是發送熱食的畫面，都讓吳惠珍學習到紀錄的重點，她開心的說：「原來真善美是這麼做的，每個人的使命感好強烈，瞬間覺得自己很渺小。」

過去，吳惠珍常常忙於海報製作、籌畫展覽、環境布置等，也隨時把握因緣拍照、留紀錄。當吳惠珍到日本分會時，日本分會執行長張秀民說：「你來了，太好了，這些照片請你看看，整理一下吧！」吳惠珍說：「好，我知道了。」就這麼一路走下來了。

因為常常整理日本分會的照片，令吳惠珍對於歷史資料的留存特別有感受。參與「二〇一三年全球人文真善美幹部精進研習營」，編纂處洪靜原主任以「法脈宗門的承擔」課程，說明歷史留存的意義，吳惠珍努力的將重點抄錄下來，也體會到要記錄活動或事件當時發生的事情，如果錯過一個環節，事情的真相就難以真實顯現。

三一一震災後，在臺灣人文真善美志工的協助下，保留住許多的慈善紀錄、活動報導還有人物紀錄，充實了日本慈濟志業的足跡。時隔多年，還有一些大愛臺的報導，在網路上流傳——災難現場記者們做了跟拍，那些災難畫面是活生生的教育；人們失去至親的心痛，更是珍愛生命教育的教材，讓吳惠珍更加意識到歷史留存的重要性。

菩薩招生　刻不容緩

體認歷史紀錄的重要，吳惠珍與許麗香等人常常藉著志工課程，進行人文真善美志工的招募，可惜效果不彰。但她藉著課程，學到許多臺灣人文真善美團隊，招募新手的方法，聽著聽著，吳惠珍便恍然大悟，找到過去招募的問題。

在日本的志工們都是要照顧家庭的主婦，她們白天在會所幫忙事務，傍晚五點就得趕回家，接孩子、等先生、做飯或是侍奉公婆，所以要大家晚上一起上課，真的很不容易。

臺灣團隊除了分享招募志工的方法，也說明對於不同年齡層與不同功能的陪伴，都要有各自應對的方式。像是志工若不會使用電腦，那就先開電腦課，教會志工電腦操作；若是不會ㄅㄆㄇ輸入法，就從志工需要的方面開始加強。要一步步站在志工的需求著想，當志工們學會了記錄的方法，就會願意花更多時間參與，才能「歡喜做」。

為了招募更多新人，吳惠珍表示：「我願意當一個掘井人，這樣才能源源不斷培養紀錄的人才，要想辦法但是很溫柔的陪伴，牽著志工們的手，一步步從不會到會。想起之前有時心急，聲色便會不好，這是我想懺悔之處。」

將心比心　換位思考發揮的真善美之愛

吳惠珍回憶，三一一地震後，慈濟志工前往日本宮城縣石卷市進行關懷活動。從臺灣前來協助記錄的人文真善美志工張晶玫，得知當地志工張君就讀北上小學二年級的孩子，是海嘯時被捲走的學生之一。為了拍攝新聞，張晶玫透過吳惠珍的溝通，請張君於海堤上分享海嘯來時的心情。張君很勇敢，站在堤防上看著海，指著海浪說：「那時候，水就是從那邊過來的。」張晶玫聽著卻不在拍攝張君的正面，漸漸往後退，只取景張君站在堤防上望海的背影。

後來，張晶玫決定不用這段採訪，吳惠珍好奇問到為什麼？張晶玫說：「因為我也是媽媽，我知道她會很痛。」雖然張晶玫很懺悔自己沒把紀錄者的角色做好，但是她也給了吳惠珍很大的啟示。

慈濟的紀錄總是遵循著上人給的教示，吳惠珍說：「我們記錄的是人性善的一面，不去報導其他事，這就是慈濟的體貼，出於對見事角度之柔軟，縱使知道受訪者若能講出來，將會非常感人，連帶收視率會提高，可是我們仍選擇不用，這是慈濟本質上人性的一面。」慈濟的報導是溫馨感人，並且將心比心、設身處地為受訪者著想。

災難會過去，但歷史必須傳承；慈濟人找到對的方法，突破社會傳統的困境，以傳承歷史的力量，堅強的讓溫暖而體貼的愛，在日本的土地上傳遞，如清泉生生不息。

（文：陳婉貞　日本報導　二〇一三年七月二十八日）

堪忍苦
成就百花豔

真之卷｜張翠娥

（提供：張翠娥）

「人人都是未來佛，我如果成佛，一定是那尊最細致莊嚴的『觀世音菩薩』！」張翠娥苦笑的說，這也是她授證十年來，一直為中區人文真善美教育培訓、行政庶務而歷練成長的心得。

承擔中區人文真善美教育訓練及行政幹事將近十年時光，忙於勤務的繁瑣中，張翠娥看見自己剛強的習氣，不得不調伏。在「讀眾生相，聞眾生聲」的過程中，她學會了堪磨能忍。二〇一三年更是歷經病苦，驀然回首，那落在身上的一鑿一斧，都是感恩與祝福。

一念之差　阻擋先生的菩薩路

從「迷」到「悟」有多遠？時光回溯到一九九一年，她跟著資深志工林美蘭的妹妹學習插花，而認識了林美蘭、王萬發夫妻，常常隨著老師四處到慈濟活動現場布置。當時，正值臺中分會草創階段，錄音帶《渡》的製作及一場又一場的茶會，讓一心向佛的張翠娥隨林美蘭皈依了當時中區慈濟委員口中的「臺中師父」——上達下宏法師。

當時她的先生黃忠義，無論在事業、家業皆有成就，也跟著王萬發去訪視及助念。過程中，黃忠義戒掉了打牌賭博的習氣，更讓張翠娥對慈濟心生歡喜。

「當時我先生的慈誠號碼已造冊，但他時常因為做慈濟忙到很晚才回家，我就以孩子還小為由，阻擋了他受證的因緣。」提到當年的一念無明，張翠娥至今仍感懺悔不已，這也是造就她授證後，日夜不休做慈濟且從不煞車的原因之一。

心懷「來不及」感　排除萬難全心投入

一念之間，岔離她與先生的慈濟人間路。直到一九九九年的九二一地震的賑災中，張翠娥看到藍天白雲的慈濟志工身影，當中卻少了她自己。她慨嘆：「我該是在賑災隊伍中的才對啊！」

是的，一九九一年就認識慈濟且皈依達宏法師的她，心想：「我為何還在門外徘徊，而沒有在賑災行列中？」面對無常災難，開始生出了「有心付出，卻伸手不能及」的遺憾。

於是，她重新開始，帶著兒子做環保，急急募款培訓，有著「來不及」的危機感，不論工作多繁忙，孩子還小讀書需接送，她義無反顧，想盡辦法排除萬難，全心投入志業。

由於原生家庭裡，父母忙於生意場中，身為大家庭長女的張翠娥常被教導「做好是本分，做錯即被罵。」家教嚴謹養成她強勢的性格。從小長輩都稱讚她有著「堪得人講（能接受別人批評）」的好韌性，面對責難，她如疾風勁草，抗壓性十足。

而她凡事要求完美、要做就做到最好的性格，在人文真善美團隊中，走過十年，坎坷有餘，成長收穫也最多。

心急求好　虛心學習為大局

因為她的細心與認真學習，從二〇〇四年通識課程開始，即協助人文真善美團隊財務和文書工作。後來也跟著資深志工陳安永，學習教育訓練的工作。

然而求好心急的個性，往往忽略了說話的語氣。「課程是很棒啦，但是翠娥師姊布達訊息時好嚴肅喔！」參加過通識課程的學員這樣回憶著。在團隊中，她公事公辦的俐落與不留情面，常常瞬間傷了志工的道心。這些是張翠娥剛進人文真善美團隊時給人的印象。

有心培養她接教育訓練幹事的陳安永，不只在事項上傳承，對於年輕、能力強的張翠娥更是恨鐵不成鋼。有時看她在臺上布達事情顯得語氣過於直接，而怕得罪到新進志工，他會以長輩的立場，給予嚴厲教導：「這樣講話太銳利了，在大庭廣眾之下，那樣子的話會傷人。」看見張翠娥凡事講求效率，說話欠缺圓融的問題，陳安永的直言不諱，不僅是惕勵，也是琢磨。

陳安永自少將位階退伍後，擅長規畫以及嚴格管控進度，在中區人文真善美三合一成形的草創期，扮演火車頭的角色，帶著團隊一路往前衝。但是長期的軍旅生涯，也養成他是非分明、擇善固執不拐彎的態度。

在一次通識課程中，場面有些混亂，號稱「黑臉將軍」的陳安永，二話不說，當場指責張翠娥。她當下忍住淚水，並承認了自己經驗不足，不但立即按照陳安永的指示逐一維持現場秩序，而且冷靜圓滿了當日課程，讓在場的法親佩服的向她說：「讚！」

陳安永言語直心，對事不對人；張翠娥也能立刻調整自己，放大了格局，於是中區的培訓業務，越來越上軌道。

爾後，張翠娥慢慢調整自己在做事和說話上的強勢風格，在人與人之間學習縮小自己，繼續為中區教育培訓任務努力不懈。

「我學了很久，才學會不可以這麼強勢。」張翠娥說。陳安永也教她要放大格局，以促使中區人文真善美志工成長為重。接了教育訓練幹事後，為了協助社區招募志工、培養各類專業種子講師，張翠娥假日幾乎都犧牲與孩子相處的時間，全心陪伴志工共修各項專業課程。

每到假日共修時，她會將孩子送回娘家安頓好，以便全程參與一整天的課程。有時非假日晚上要共修，送孩子去補習，共修完又火速接回孩子，在先生回家前，看好他們的功課，簽好聯絡簿，該做的家事一件也沒少。她說：「我要在先生進家門後，看到一個完整的家，感覺到我這個太太好似整晚都沒有離開過。」

園丁的驕傲　台下看百花爭豔

承擔教育訓練幹事後，已經忙得分身乏術，想跟著社區團隊去享受創作影片的機會都沒有；有時候苦心安排的課程不被志工接受，還需忍受著社區的強烈反彈：「課太多了，假日都排滿了，我們如何出勤務？」讓張翠娥心中很挫敗。

「學佛要修養到無論發生什麼事，心中都沒有絲毫委屈感。」證嚴上人的「靜思語」總是能讓她的心在混亂中安靜下來，面對各方壓力，快速調整自己做事的態度與方向。

深耕十年，透過教育訓練課程，中區人文真善美人才輩出。真善美志工的作品在網路上留下不容抹滅的電子足跡。而張翠娥則選擇站在舞臺下，為別人的傑出鼓掌。「一座花園的百花爭艷是園丁的驕傲，更甘心當一個無名的擺渡者，運載群生過渡彼岸。」這正是她十年熬成婆的寫照。

忍住身體不適 國際賑災不願空手回

除了家業、志業的繁瑣事務，她不甘停下腳步，在二〇一一年，為了與志工團隊到北朝鮮賑災發放做紀錄，她向老闆請假。上司非常訝異，以為她「特別假全用在做慈濟，卻要請事假去玩？」

當老闆得知她是去賑災，不僅立刻准假，還不斷提醒著：「雖然你是隨慈濟去國際賑災，安全應該沒問題，但還是要小心！」老闆的寬容與貼心叮嚀，更加堅定她去賑災的決心。

北朝鮮位於北緯三十八度，冬季動輒降至攝氏零下十五度低溫，對於身處四季溫暖的臺灣志工來說，到天寒地凍的北韓賑災，是一項破天荒的體驗，也讓與張翠娥同行的志工林玲悧，看到這位表面看似「女強人」不為人知的一面。

「幫我壓一下背好嗎，我手腳都麻了！」張翠娥小小聲的求救於林玲悧。兩人半夜勤筆耕，雖已經沖過熱水澡，幫自己「解凍舒壓」了，不多久後，張翠娥卻又全身痠麻。

「這樣的身體，你怎麼做慈濟啊！」林玲悧心疼的問她。

「出門（做慈濟）生龍活虎，回家就像一條蟲啊！」張翠娥答得輕鬆，但林玲悧心疼的是，中區幾乎每週都有教育訓練課程，三不五時還要接受「客訴」抱怨課程太多，作業太多，這位強人又是如何撐過來的？上班族的她拿什麼時間來休息調養？

「我好不容易來這裡，怎能空手而回？」張翠娥用毅力和勇氣撐持，在惡劣的環境中，圓滿達成紀錄的使命。

精雕細琢的菩薩　看到生命風光

二〇一一年她接任合心行政窗口，諸如人文真善美團隊行政事務、跨功能協調整合、共修月會召開、人文真善美年度工作計畫策訂、協助窗口推動真善美會務等工作內容，都在她的掌轄範疇內。

然而，各功能團隊、社區狀況不同，想法和目標難免南轅北轍，極欲執行有效策略的張翠娥常常深陷在重圍中，必須透過一次又一次的溝通與協調才能達到團隊共識。

也曾經因標準太高、專案推不動，讓後繼者難以企及，而讓她深感力乏而萌生退意。再次想起上人的法語：「選擇正確的事情，定好目標往對的方向走，全力以赴，起點與終點就能對準，做就對了。」

終於看到落後者慢慢跟上，她也一邊修正自己，平復沮喪的情緒後繼續前進。「雖然推動的會務與專案看不到立即效果，甚至還窒礙難行，但是大家的信心卻越來越穩實了。」她安慰自己。

憑著一股傻勁和憨膽踏上慈濟菩薩跑道，不管是寫文稿、錄影、剪輯，她樣樣學習，雖不專精，但能與團隊共同成長。過程中難免跌跌撞撞，剛強的心也起起伏伏，但她認為把生命用在最有價值之處，才能細琢出最美的菩薩容顏。

（文：林玲俐　臺中報導　二〇一三年九月三十日）

白雪公主 曬黑不悔

真之卷｜朱英彥

（攝影：曾芳榮）

「啊！英彥，妳怎麼變得這麼黑？」本是幸福的溫室花朵，何以甘受炙陽曝曬？擁有對講機卻寧可自「行」溝通，導致「寸步」難行！

二〇一二年，慈濟基金會在中正紀念堂兩廳院廣場舉辦七月吉祥祈福會，慈濟志工朱英彥需統籌人文真善美出班紀錄，亦須撰稿、編輯、協商，聯絡布達。為了事情妥善聯繫，她寧捨對講機，自行穿梭聯絡，以致腳底起水泡而舉步維艱；且歷經十天陽光的「酷曬烤煉」，原本白晰的皮膚變得黝黑發亮，宛如牙膏廣告中的小黑人。她總是走在最前、做到最後，率領團隊使命必達。

從紀錄中　體會生命的真義

祈福會從二〇一二年八月二十七日的前置作業起算，至九月五日圓滿結束，因天秤颱風的外圍影響，天空時而驟降豪雨，時而艷陽普照，人文真善美志工以帳篷為工作室，十天之間，不僅要避雨又要躲炙熱太陽，上午移到東、下午又移到西，大家發揮禪定精神，仍舊圓滿完成紀錄的勤務。

承擔此次紀錄窗口的朱英彥，因參與二〇〇三年的人文真善美課程，而與之結下不解之緣。剛開始，她接到資深慈濟志工于玉霞邀約時，對撰寫文稿仍一知半解，在大綱和方向都還摸不清楚的狀況下就出班了！三天之間，她除了做家事外，幾乎都坐在電腦桌前苦思，終於完成了一篇流程式報導。

二〇〇七年，她拍攝環保志工許秀年的故事，製作《人間菩薩》影片，記錄許秀年十八歲的孩子騎機車上學途中遭遇意外，年輕的生命就此消逝；許秀年化小愛為大愛，讓孩子作器官捐贈，有六個人因此獲得重生，六個家庭受惠。從拍攝過程中她學會如何說故事，也體會人生無常，要把握當下。

將近十年勤務的磨練，朱英彥如今肩負北區重責，共修時承擔司儀，而海外志工歸來的大型營隊，她則坐鎮指揮撰稿、編輯、修潤、執行派班，經常會聽到她柔聲說：「不要緊張，盡力就好，感恩大家喔！」

她以謙柔的態度用心帶領團隊，因此當她邀班時，總會一呼百應！

事親至孝　認知無常是什麼

父親有家族遺傳性高血壓，母親有家族糖尿病史，事親至孝的朱英彥，騰出自家樓下的空間給父母住，以便就近照顧，並替父親「圓滿榮董」，也去空大上「飲食與健康」課程，親手烹調清淡飲食，協助母親控制糖尿病，還報名了「生死學」課程，希望對生命有更深刻的體認。

「無常看不到、摸不著，無常到底是什麼？」經歷對母親細心照料，卻仍無法挽回母親的生命，她內心充滿困惑，有天聽證嚴上人開示「死亡並不是一個結束，而是另一個新生的起點」，後來又看了上人《生死皆自在》一書，讓她體會有些事情不是努力就能達成的，任誰都得面對生老病死。無常來臨時，無人能倖免。

「上人的法雖然很簡單，但一般人卻做不到！」朱英彥常自省：「上人的法我領悟了嗎？我做了多少？」從「做中學、學中覺」中，體解慈濟是個做事的團體，需要群策群力、彼此共同成就，唯有把握當下，趕緊「做就對了」！

（文：胡淑惠　臺北報導　二〇一三年七月三十日）

招兵買馬 三顧茅廬

真之卷 | 張金妹

（圖左，攝影：盤美鳳）

「志工少的區塊，我就去做！」身為人文真善美窗口，歷經四次社區擴編，志工從零到二十幾人，又歸於零，張金妹雖曾有心情起伏，但她不氣餒的說：「我有信心！」她期許自己再努力，一定會重現光明的。

九二一無難　邀家人投入助人

一九九一年中國華東發生大水災，證嚴上人發動慈濟人募款，幫助災民建大愛屋，當時張金妹的好友吳鳳嬌邀她一起捐大愛屋給華東災民，五萬元即可幫忙一戶家庭重建，她覺得：「我在臺灣豐衣足食，有能力幫助苦難人，就應該去做……」因而開始接觸慈濟。

「以前知道有慈濟，偶爾匯款去花蓮，也沒放在心上。直到鳳嬌受證後，常邀我參加訪視或做香積工作，漸漸認識慈濟。」（一九九九年）九二一強震時，人人不敢進屋子，躲在學校操場或是公園，四處帳棚林立。張金妹夫家家族也全都聚集在老家三合院廣場，搭帳棚、打地鋪，煮二十二人的大鍋菜，持續了兩週之久。

張金妹的三哥與三嫂早逝，留下姪子一家住在豐原南陽路綠山巷。凌晨一點四十七分，地表劇烈搖晃，四處驚呼連連，左鄰右舍紛紛逃出住屋，她趕緊找收音機，聽廣播得知綠山巷的房屋倒塌嚴重，心裡很焦急，但因電話訊息中斷無從聯絡，不知道住山邊的姪子是否平安？

天一亮，她便騎車到豐原，遇上管制無法進入。姪子一家生死未卜，焦急的她只能等，忍住內心煎熬。直到中午，終於，鄰長告知張金妹，姪子一家五口平安，房屋只是小受損，她才放心。

回程途中，看到南陽路上的廣福宮廟口，有許多慈濟人在煮熱食，她想到去找吳鳳嬌。

「咦！妳怎麼在這裡？」吳鳳嬌看到她很訝異。

「我來找姪子，確認一家人平安，可以放心了。」

「那妳留下來吧，這裡很需要人手！」

於是，她就留下來幫忙。慈濟人煮麵食、做便當給暫時安置在幾所學校的受災民眾。過程中，看到善心人士與民間團體自動自發付出愛心，送上米、泡麵、菜、茶水，也有帳棚、棉被、衣服，慈濟人代災民收下，合十感恩。張金妹心中湧起滿滿的感動，心想：「我要繼續來幫忙，回去先跟公司請一個禮拜的假。」決定加入志工行列。

到豐原幫忙兩天後，她跟家人分享災區的現況與救助的情形，姪子、孫子與先生都問道：「我們能夠做什麼？」

張金妹告訴大家：「災區要做的事情有很多，撿菜洗菜、包飯盒、送餐、整理捐贈的物資、助念，都需要人手。」災後見真情，張金妹一家搶著要去幫忙，兩個十來歲的孫子也嚷著要去。連續幾日，家人一起投入，兩個孫子做些簡單的事，像是遞水和整理物資，也跟著去送餐。

看到豐東國中教室倒塌、向陽大廈的一二三樓下陷、救災人員在廢墟中挖掘搶救的景象……豐原和東勢死傷慘重，一批批罹難遺體集中在省立豐原醫院，「家屬呼天喊地慟哭，心裡好酸！屍袋多到疊起來，每天看，每天掉淚！」想起當時的慘狀，張金妹不禁哽咽。

加入慈濟志工行列，整整八天，張金妹騎著機車往返臺中和豐原。

看見一些本身也是受災戶的慈濟志工，卻懷著菩薩聞聲救苦的精神，搶先跑出來救人，張金妹感受到人間的至誠至善。即使每天來回路程要一個小時，她也不覺得辛苦，反而升起感恩心：「家人平安，我有機會當盡點心力，我要像他們一樣為社會付出，幫助有苦難的人。」

相惜相挺　承擔窗口不孤單

九二一後，她成為慈濟見習志工，不但積極募款，也投身環保。還未受證前，喜歡遊山玩水的她，常帶著小V8和相機，在國內外拍了很多相片。她知道社區沒有人文真善美志工，便想：「志工少的區塊，我就去做！」

同年，張金妹在彰化靜思堂研習人文真善美通識課程。她開始學習錄影，跟拍環保志工做環保的身影，與團隊一起製作短片，發現其實影片後製並不難，而持續投入人文真善美。

二〇〇三年受證後，組裡希望她接下三合一互愛窗口，她很猶豫，

「其實我只喜歡拍照，至於寫文稿、錄影、企畫、美編等都不會。還好熱心的吳楙芝說要挺我，陪我一起完成工作，要我接下來，我才敢接受。不料！多才多藝的她卻不敵病魔，英年早逝！」她憶起往事，不勝唏噓的說：「我會努力，報答楙芝的情義。」

有時需要出勤，好不容易找到志工願意幫忙，結果寫出來的都是會議形式的紀錄，不符合規定，讓她很苦惱，但是有人願意來做活動紀錄並不容易，因此即便挫折感很大，她也只能繼續四處找人寫文稿。

因為常往外跑，先生很不高興，張金妹只能小心翼翼的利用時間做慈濟，不去影響回家煮飯的時間，家裡有事她優先處理；遇到重大活動，她也先把家事安頓好才出門。後來幾位志工加入團隊，文稿、編輯派報與企畫有人承擔，終於有了轉機，她心裡很高興。有時候，知道志工的生活不平順，張金妹會透過人脈，幫忙打聽介紹工作機會；若組員們身體不適，她便陪同就醫。她說：「就是要安住志工的心，陪伴傾聽，陪著掉淚、陪著哭，固然每個人有他的業力，往往聽了，心裡很不捨，好希望能幫得上忙。」

招生不間斷　全程陪伴新志工

「要帶起一個功能組，我心裡明白並不容易。還好，二〇〇五年有李威德加入帶攝影，二〇〇八年二人一起承擔窗口，彼此分工。」張金妹負責招生，李威德培訓圖像人才，人文真善美團隊慢慢成形。張金妹也利用不同管道招收新人，比如從已建檔的社區志工找人，或是徵詢組內有沒有適合的人選。在各種活動中，她關注「招生」，抓住機會邀約人文志工。

有一次，她找到機會向長期投入環保的洪金花邀約。「金花，妳做事態度都很認真，能力很強，又有學習精神。我們文稿缺人手，出來幫忙我們寫文稿啦。」洪金花原是以「不懂」、「從沒寫過」推辭，張金妹反覆勸說：「沒關係，我們有基礎課程，可以讓妳不會學到會，我們會陪伴妳，別擔心！」

果真，洪金花參加了文字基礎課程後，張金妹不斷鼓勵她出來寫文稿。第一次出訪記錄社區「蕙質蘭心」的課程，張金妹全程陪伴。張金妹雖然不會寫文稿，但因為聽多了，知道如何引導新進志工，提示他們如何找題材、抓感動點，如何訪問等。「金花學得很快，慢慢的，我就放手了。」金妹這樣說。

分秒招生　時時推銷人文真善美

慈濟世界感人的故事很多，張金妹常將拍到的故事向志工分享。「聽起來你們的工作很有意義，有課程的話，幫我報名！」這樣的回應，讓張金妹如獲至寶，萬般珍惜。有一年，培訓志工們就在張金妹家門口集合搭車。她想：「機會來了！」便主動跑去和志工們噓寒問暖一番。對談中若遇到合適的人選，就進一步試探。

在電信局上班的林炳昌，擅於操作電腦，照相是他的興趣。但屢次邀約，他總是以「再看看」回應，沒有更進一步的行動。張金妹不氣餒，主動找機會與林炳昌互動，兩人因此漸漸相熟。每月的共修課堂上見面時，仍一再邀約：「炳昌，現在有人文基礎課要報名，是一個難得的機會，可以免學費學到會！」

「好，我考慮看看！」林炳昌終於答應，報名攝影組課程，也加入人文真善美。

後來，為了找文稿志工，她想到社區的兒童親子成長班有許多教聯會老師，他們應該會比較容易上手。於是觀察了一段時間後，也請出余春芳和張淑美兩位老師來協助撰稿。這件事讓她興奮了好一陣子。

擴編失人才　隨緣心再接再厲

志同道合的一群人，有緣能相聚在人文真善美團隊共事，是張金妹最開心的事。

張金妹經歷了四次社區擴編，團隊成員曾一度多達二十餘人，共修時，人氣旺；不過，隨著社區擴編，從一人到當時的盛況，又回到原點，志工成員來來去去，她的心情亦隨之起起伏伏。然而，她堅定的認為：「大家都是做志工，不能勉強，一切隨緣，再繼續邀約有緣人，我有信心！」繼續招生不懈怠。

新的一年，張金妹期許自己能「從頭來過」，她有信心、有勇氣、有毅力，和李威德一起努力，為人文真善美三顧茅廬、招兵買馬，為社區活動留下愛的足跡，和人間菩薩慈悲的身影。

（文：陳素蘭　臺中報導　二〇一三年九月二十六日）

人文雨紛 潤地無聲

真之卷

徐雨芬

（圖右，攝影：張鳳）

「報告上人，我娘家在臺灣，婆家在印尼，先生被派到中國大陸，我將要帶孩子移民加拿大。」當年，徐雨芬在靜思精舍向證嚴上人如是自我介紹。上人聽完，微笑回道：「很好啊！那妳就走到哪裡，做到哪裡。」

攝受莊嚴　人文情思種

一九九七年，徐雨芬陪同朋友回到花蓮靜思精舍。她回想當時志工早會時，上人從人群後面走到前面，「那輕如羽毛的步履，是我從未見過的莊嚴。」這分感動，開啟了她與慈濟的因緣。

兩年後，她又因為先生的工作而再度遷徙，往返在中國大陸與加拿大之間，陪同一對子女赴加拿大就學，也隨著孩子參與當地舉辦的歲末祝福活動。在熱鬧的活動間，恰好遇到過去的同事，同時邀約她到聯絡處當志工。

從此，加拿大的會所中，常常可見徐雨芬伏桌敲打資料，匯整檔案的身影；透過檔案製作，徐雨芬發現了紀錄的重要，因此決定參與慈濟志工的培訓，受證慈濟委員。二〇〇四年，徐雨芬參加了在臺灣舉辦的人文真善美志工培訓課程，剛剛開始接觸這項圖、文、影音的紀錄，徐雨芬說：「我常常跟不上腳步，有時講師講到了下一段，我才領會了上段的重點。雖然紀錄很重要，這短短的二、三天課程，我還是迷迷糊糊的。」

二〇〇六年，徐雨芬再陪著先生回到北京述職，但要融入當地慈濟志工隊伍時，讓安排人事的資深志工有點傷腦筋。徐雨芬笑著說：「我就是什麼都不會，生活組不會做，香積組不會煮。後來因為我是中文系畢業的，就被安排接任人文真善美志工，從訪視紀錄開始做起。」

單打獨鬥　啟巧接引法

易水畔的易縣和太行山上的淶源縣，有著許多的貧苦家庭與獨居老人和孩童，慈濟志工七年來走訪了近三十個鄉鎮二千多個村莊，這是北京志工的善行福田，也有龐大的資料與溫馨故事，等待當地人文真善美志工梳理。

徐雨芬跟著團隊走訪了一整天，當其他人都梳洗完畢就寢時，正是她挑燈夜戰的時刻。在「答！答！答！」的鍵盤敲擊聲中，徐雨芬一邊寫稿，還要檢查照片的檔案，圖說寫完還要上傳本會系統，待完成時，早已凌晨三點了。

「這樣不是辦法，我要找更多人來做。」徐雨芬下定決心，回北京逢人就邀約，可惜成效不彰。她又想，既然用說的不成，那就用做的。

「雨芬，明天要去訪視，妳要記得帶相機來。」資深志工不忘叮嚀著。雖然都有分工，徐雨芬仍然細心的將錄音筆、照相機、錄影機、筆記型電腦，統統帶上路。顛簸的山路，大家一路來到山上，屋內的老先生孤獨的躺在垃圾、廚餘、蟲蟻堆疊的炕上，沒人照顧的獨居老人讓志工們移至屋外洗浴，再一同將屋子打掃乾淨，徐雨芬說：「連攝錄影的志工都放下相機與錄影機，一起打掃。」大家都因為這份為貧苦付出的感動，留了下來，真善美志工的人數，也就隨著一次次的出訪，陸續增加了。

人員的擴增，雖然可喜，但是素質要提升，才能精確的為慈濟留下歷史。沒有受過訓練的志工，拍出來的影片，不僅晃動得厲害；好不容易調好的角度，照片卻模糊不清，幾乎無法留存。雨芬開始規畫每週一次共修的課程。在北京，合格的人文真善美志工必須是見習志工，參與過慈濟活動，而且必須要經過一年期的動靜態課程培訓。因此，能夠取得資格，都已是非常難得。

引法脈智慧　深植菩提心

不同於臺灣慈濟志工的課程滿檔，徐雨芬在匯整資料、派班紀錄、上傳影片的事項中，又多了一項「人文真善美課程教學」。

「認識慈濟人文，才懂得如何留下慈濟的歷史。」徐雨芬安排每週一次的共修活動，透過舉辦讀書會，讓所有的志工深入了解慈濟；同時也安排不同夥伴來設計課程，讓學有專精的志工，都能一起承擔講師，進行教學。講師要花費時間備課，年輕的志工常有家業與事業的壓力，雨芬常透過QQ、微信等網路通訊平臺和志工們「搏感情」。徐雨芬笑著說：「這就是做人文真善美的優點，隨時都能更新自己的資訊能力。」

在徐雨芬無微不至的關懷下，北京人文真善美團隊漸漸開展了，各項功能組備齊，在二〇一三年全球人文真善美研習會上，北京團隊九位功能組長一同回臺精進，徐雨芬臉上也露出安慰的笑容。

（文：陳婉貞　北京報導　二〇一三年七月二十六日）

哪裡有苦難 就往哪裡去

真之卷

范呂釗

（攝影：蕭寂興）

二

○○六年三月十日深夜一點多。「鐵路崇德段有五位道班工被火車撞死的意外！范師兄，你趕快到現場！」范呂釗接到慈濟志工潘榮桑的電話後睡意全消，立刻整裝帶攝影機出門。

夜深人靜、伸手不見五指的鐵道旁，趕來八位慈濟志工助念。透過探照燈光，范呂釗發現不遠處有一張掉落的鐵路職工名牌，「咦？這名牌不就是四十年未見的初中同學嗎？」看到散落在鐵道上的屍塊，再聽到家屬的痛哭聲，范呂釗心情十分沉重。

停在事故現場三百公尺外的南下莒光號火車，車箱透出的燈光，在漫漫長夜的漆黑中，顯得異常不平靜；范呂釗抹去淚水，將攝影鏡頭朝向那列火車……

「怎麼明天未到，無常就來了？」范呂釗看到這無常示現的「苦」後，他非常感恩家人平安、感恩自己在紅塵滾滾中，能迷途知返走入慈濟世界。

醉茫滾滾紅塵中

一九五二年，范呂釗出生在花蓮鳳林鄉下大家庭，因為祖父規定「每一房要有一男孩出來開電器行」，因此，范呂釗初中畢業先到花蓮市學一個月音響組合後，就回鄉和堂哥一起經營電器行。退伍後，他自己另開店當老闆，但沒想到幾年後，鳳林人口外流嚴重，電器行的生意清淡，范呂釗只好結束生意、另謀他途。

二十八歲那年（一九八〇年），范呂釗帶著妻子兒女先後在臺北、苗栗受雇做社區共同天線和第四臺維修。一九八七年，他在臺中創業成立「快樂有線電視臺」，事業如日中天。

這時，為了生意交際應酬，范呂釗開始出入酒家、KTV、三溫暖等聲色場所，當然菸、酒、檳榔、賭和女人，統統來者不拒，每次應酬都是清晨三、四點才醉醺醺返家。「你少喝一點不行嗎？」妻子田琦英很生氣的和范呂釗大吵，「每次那麼『早』回來，孩子都睡了，等孩子起床，你又在睡覺……」

「我是在……應酬，那我帶妳出場，妳來幫我……喝酒好了……」每次范呂釗回家按了電鈴，就醉倒在門口，讓田琦瑛又氣又無奈，還要吃力的拖著醉得不醒人事的范呂釗上樓。

慈濟茶會啟因緣

一九八九年秋天，臺中慈濟志工李朝森邀請范呂釗參加慈濟茶會。茶會中，慈濟人暱稱「師媽」的志工王沈月桂在分享中說了一句話：「菸、酒、賭博，這些不好的生活習慣，要戒就要馬上戒。堂堂六尺大丈夫不要被『三寸釘（香菸）』套牢……」范呂釗聽了如雷貫耳，當下慚愧不已。

第二天，范呂釗掏出香菸正抽了一口，突然憶起「師媽」的話，他心想：「男子漢大丈夫，說戒就要立刻戒。」於是將剩餘的長壽菸丟棄。剛戒菸時，因菸癮發作而整天頭暈。有天，他在爬電線桿工作時，因頭暈而摔下來，幸好地面是較軟的甘蔗田而無大礙。

「我們回花蓮好嗎？」范呂釗想起慈濟茶會「師媽」也曾說：「行善、行孝不能等」——他思忖離開家鄉十一年，父親已年老體衰，是該回鄉陪伴父母了。和妻子商量後，范呂釗決定放下如日中天的事業，於一九九一年六月三十日，帶著一家人披星戴月、連夜搬回故鄉。

回花蓮後，仍然經營最熟悉的有線電視事業，在安家、安心後，他利用時間做慈濟志工，並於一九九二年受證慈誠。而過去在臺中的事業夥伴，因為范呂釗待人寬厚熱心，特地來花蓮和范呂釗再繼續共事打拚，因此范呂釗可以全心投入做志工。

「鏡」轉的人生路

一九九四年十一月，靜思精舍德契師父對范呂釗說：「下個月慈濟要推U2頻道，你可以來做錄影志工嗎？」

「好呀！」范呂釗未加考慮就買了一臺國際牌9000型錄影機，這也是花蓮人文真善美志工第一臺錄影機。他憑著做有線電視，天天看

「電視新聞」的經驗，他想：「拍一些前景、中景和特寫，再做訪問，『新聞』應該就是這樣吧？」范呂釗大膽接下影視志工的任務。

早年，范呂釗記錄許許多多慈濟大小活動和慈濟人、慈濟事的珍貴史蹟；他自己摸索無師自通學剪接，再將初剪帶子送到花蓮機場空運臺北，提供力霸友聯Ｕ２頻道〈慈濟世界〉新聞節目。

一九九八年元旦，大愛電視臺成立開播，要出班拍「新聞」的機會更多。「范師兄，你拍得很不錯喔！這『新聞』很快就會播出來。」聽到這樣的鼓勵，范呂釗不敢自滿，反而更用心精進學習。

年底，大愛電視台為感恩全臺影視志工的付出，特舉辦第一屆影視志工「金像獎」頒獎典禮，而范呂釗獲頒「勇往直前獎」，因為那年十月「巴比絲」颱風侵臺，造成花蓮縣萬榮鄉見晴村八戶人家被土石流淹沒。范呂釗說：「當時山上流下的泥水像瀑布般驚人，山腳下的村子被土石淹沒；死裡逃生、驚恐的災民，則讓挖土機接到安全的地方。」范呂釗在傾盆大雨中，第一時間「勇往直前」趕去見晴村記錄。

而這則新聞的畫面，大愛臺也提供給其他新聞台播出。

除了臺灣，范呂釗也連續在一九九五年、一九九六年扛著攝影機到中國大陸安徽全椒縣及河北井陘縣的賑災發放做紀錄。一九九九年臺灣發生九二一大地震時，全臺慈濟人愛的接力到南投縣蓋組合屋，范呂釗也一個月都在埔里為來自宜蘭、花蓮、臺東的志工們留下愛的見證身影。

職志合一賺法喜

二〇〇一年初，花蓮慈濟醫院邀請范呂釗到公傳室任職專責做醫療紀錄。「社區工作很多，我怎能去醫院上班？」范呂釗很掙扎，而這時花蓮影視志工有幾位新人進來，他想：「醫院也很重要，若職志合一，假日還是可以在社區做紀錄吧。」

他每天早上五點四十分到醫院，六點前將二臺錄影機架好、測試聲音和影像，再確認已和臺北大愛臺連上線，就等七點正式開始的「志工早會」了。十一年如一日，不論寒冬、大雨或颱風天，范呂釗總是很敬業的準時出門，絕不誤了「志工早會」時間。他感恩道：「每天聆聽不同的分享，實在無法計算我『賺』了多少法喜。」

二〇一二年三月九日，花蓮慈濟志業體和志工在花蓮小巨蛋演繹《水懺》。演繹前，范呂釗天天記錄醫護人員排練走位和手語，忙到晚上十點才回家休息。「醫生這麼忙，還要抽時間練手語，我自己怎能不精進？」

平時在醫院記錄追蹤個案故事、病理解剖、人醫會下鄉義診、出院病人居家關懷……醫院工作那麼忙，假日也不休息做志工的范呂釗微笑說：「做對的事，做就對了，哪來時間想『累』呢？」

「無常」在醫院天天上演，每次范呂釗從病房拍到解剖室，都是一邊拍攝，一邊掉眼淚。

二〇〇三年有一天，慈院公傳室曾慶方高專對范呂釗說：「我們有第一位模擬手術大體，在署立花蓮醫院要準備送來，你趕快去記錄。」

范呂釗趕到現場，才發現是三十六年未見的初中美術老師，范呂釗在拍攝當下，也為老師助念以報師恩。

同年十一月，花蓮慈濟醫院發現臺灣五十年來首例狂犬病。病人是嫁來臺灣的大陸配偶，她回大陸探親時遭狗咬傷不以為意，回臺後就病發往生了。

病理解剖那天，所有在解剖室的醫護人員，都要穿上一層又一層如太空衣似的厚重隔離衣，現場氣氛緊張又凝重。范呂釗當然也身穿隔離衣，連錄影機都要消毒包覆隔離。

當時，范呂釗屏氣凝神從錄影機鏡頭望去，看到醫師從往生者身上劃下一刀後，打開胸膛，再一一取出全部內臟分別浸入藥水中……

范呂釗已拍過無數病理解剖和大體老師，像這樣大陣仗隔離和緊張氣氛則是頭一遭。他說：「深深感受人生最苦莫若病苦，無常什麼時候來不知道，只有把握當下趕快去做。」

二〇一二年五月自醫院退休後，范呂釗繼續在社區記錄慈濟活動。平時聽到「１１９」消防車聲音，他會立刻打電話詢問：「我是慈濟志工，可否告訴我們哪裡發生火災？」哪裡有苦難，就往哪裡去，范呂釗就是做慈濟永遠不說「累」的那個人。

（文：王鳳娥　花蓮報導　二〇一三年九月十二日）

一念之間　改變結果

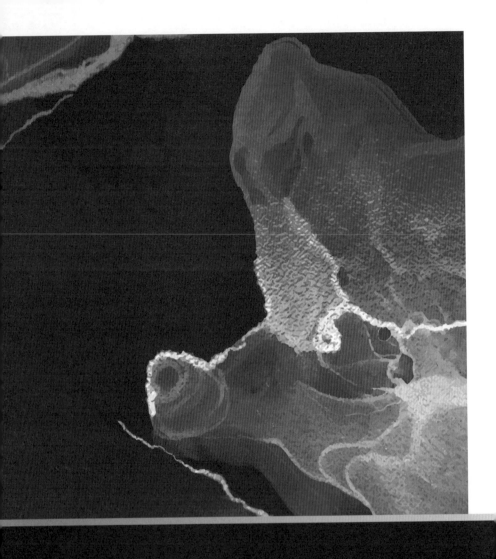

善＿之卷

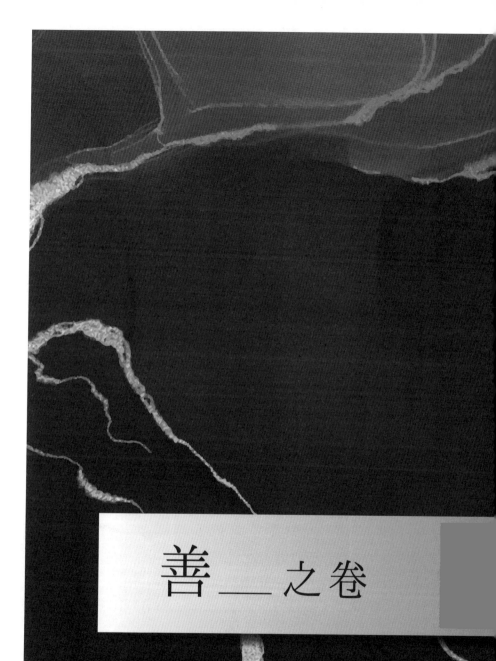

轉變心念 助人為樂

善之卷

王賢煌

（攝影：陳李少民）

「嘟——嘟嘟——」一個寧靜開放的辦公室裡，眾人埋頭於手上的工作，此時振動的手機在桌上發出的些微聲響，顯得格外突兀，王賢煌趕緊抓住手機，快速的走出辦公室，按了接聽鍵，壓低聲音：「喂，您好！我是王賢煌。」他全神貫注的聆聽著，偶爾「嗯、嗯」數聲後，輕點著頭肯定的回答道：「您說的是人文真善美進階圖像課程講義，好，我會盡快處理給您。」

掛掉沒多久，手上的電話又震得賢煌心煩意亂：「喂，是，上不了3in1網站？好，我會幫您看看。」正要走回座位電話又來了，他轉身又向外走，「是，好，要派幾位圖像志工？」工作上的壓力、忙不完的慈濟事還有接不完的電話，讓王賢煌煩惱：「難道這是我要的生活嗎？」

因感動而行動　以鏡頭留住美善

「賢煌，慈濟有愛灑活動，姊姊、哥哥都要去，要不要一起去？」

「賢煌，我們邀請大家一起去參加慈濟歲末祝福，好嗎？」

因為妻子楊靜宜，被〈大愛劇場〉真人真事的故事感動，加上和兄弟姊妹之間感情甚篤，王賢煌夫妻倆，常常這樣和大夥兒一起參加慈濟的活動。

從慈濟人的分享中，王賢煌被九二一時，慈濟人行善的情操感動，漸漸了解慈濟志業「慈悲喜捨」的腳步，並認同慈濟。當他聽到證嚴上人說：「行有餘力能去幫助他人是最有福的人。」於是在二〇〇三年，一個家族包括他們夫妻、妻舅夫婦、妻子的兩位姊姊及姊夫共八人，一同參加培訓成為慈濟委員。

大學時期熱衷攝影、學習暗房技術、參加攝影比賽……對各項攝影器材頗有研究的王賢煌，東吳大學電算系畢業後，一直從事資訊業。數年間，他經歷了這個行業的起起落落，直到一段工作的中斷期，才讓他拾起相機，將大學時的嗜好，在慈濟發揮得淋漓盡致。

「師兄，攝影大師劉森雲要在臺北慈濟醫院工地開設攝影班，您可以參加喔！」王賢煌聽到邀約，二話不說就報名參加，在攝影班結交到很多同好，假日結伴外拍，上山下海，早出晚歸，不亦樂乎！

「賢煌師兄，請您出活動圖像的勤務，好嗎？」當時文山區人文真善美窗口于玉霞，看到他的作品後非常器重他的才華，請池玉香邀約王賢煌出勤務。在這段失業的日子裡，他以鏡頭為社區留下一張張珍貴照片，並將作品燒成光碟，提供文稿所需的圖像，同時承擔北區人文真善美教育訓練幹部，配合北區大型活動，如中正紀念堂浴佛、靜思精舍增建領隊及花蓮營隊等工作。

善用科技有效率　架設真善美網站

「賢煌師兄，今天拍的照片，請您趕緊送給我喔！」

「今天很忙，實在沒時間送過去！」

「那怎麼辦？」

諸如此類的對話一再發生，文字志工為了上傳文稿，急需圖像配合，但作品繳交運送往返的交通，及相片不經挑選即全數燒成光碟繳交，讓學資訊的王賢煌深深感覺：「沒有效率的資料就是垃圾」。

「垃圾變黃金，黃金變愛心，愛心化清流，清流繞全球。」有一日，上人在電視上呼籲的這一句話，打入賢煌的內心。

「對啊！我應該想辦法透過資訊科技，針對出班作品做有效的後續整理，讓它成為有用的資訊。」在數位相機逐漸興起，傳統底片面臨重大挑戰的時代，他開始思考如何以數位典藏與電子資料管理的現代科技，來協助人文真善美志工。

「如果能透過FTP網站上傳及下載，問題不就解決了嗎？圖像志工礙於上傳照片耗時，如果幫助他們先做篩選再上傳，量減少了，質相對提升了，一舉數得。」他開始搜尋、研發、架設網站。技術的門檻對學資訊的他不是問題，但網站得要以「志工最需要的是什麼」為設計依歸，而當時正值新工作的開始，雖忙碌，他仍花費時間心力設計和修正，終於「3 in 1人文真善美園地」，一個專屬於慈濟人文真善美志工的網站誕生了。

「3 in 1人文真善美園地」從最初想幫助圖像志工，將圖像做有效的管理，提供多元的應用，設置出班資料區，讓志工將所拍攝的照片經過整理上傳網站，方便存取，也隨著志工的需求改變。數年間，他又研發增設「歷史年表記事區」記錄慈濟大事紀，「影音專區」提供影音資訊，以及教育訓練區、勤務出班系統專區及圖像管理系統，讓志工很容易就可以做出PPT日誌，更可以透過這個網站，連結更多網站。

在資訊科技尚未普及、架設網站的初期，他開始規畫教育訓練課程，克服使用者對電腦的障礙，他說：「當時真的很辛苦，從社區的種子開始教育，普及到每一位志工都能應用。」

心念一轉心門開　快樂助人把握當下

「賢煌師兄您那個網站好好用喔！讓我可以即時下載照片，上傳大藏經。」文字志工見到他，就會這樣稱讚。

「這個網站，讓我們出班回家就可以很快完成作業了，省去往返送照片的時間，又方便又即時，實在太感恩您了！」張進和說。

「您真的是有求必應的電腦大醫王，資訊、科技的問題找您就能輕鬆解決。」志工陳李少民也不禁感佩道。

「二〇〇三年拍的照片，當時有放到這個網站，現在我的硬碟壞了，還好可以再到網站下載回來，真的是萬無一失，連國外的志工需要的資訊都可以取得，實在足感恩！」

面對這些稱讚，靦腆的王賢煌總是會說：「有幫助到大家，我就覺得很快樂。」

「賢煌師兄，您那個網站系統太複雜了，不好管理，請您以圖像管理為主，其他交由資訊組來做。」投入心血研發的東西得到了使用者的稱讚，但是也有不能執行、不被認同的地方，這對賢煌來說，難免有些許失落。

「事情有人搶著做，幹嘛啊！」王賢煌滿腹的委屈，只能回家對著妻子發牢騷，「我這麼辛苦，為的是什麼？」面對他的抱怨，楊靜宜總是安慰他說：「事情有人做不是很好嗎？何況你又那麼忙！有人出面幫你分擔還不好呀？」

「是啊！自己提出的構思有人接手做，又能擴及全球也是好事一樁，能幫助更多的人。」他心念一轉，心開了，把握當下，做該做的事。

繁忙終有領悟　天下事由天下人做

承擔慈濟北區人文真善美圖像組長，晚上經常有共修、開會，假日又常有研習課程或大型活動；接到大小活動要派班、出勤務，還要負責收集作品上傳、維護網站，占去王賢煌很多時間。

白天是個上班族的他，忙的時候曾試著不接電話，但心中更不安，會想：「是不是有重要的事？沒去處理會怎麼樣？」接了電話又有處理不完的事。慈濟事讓他無法專心上班。他自問：「難道這是我要的生活嗎？」拖著疲憊的身心回到家裡，一進門就對著妻子說：「我想退出慈濟，專心做好事業。」

一樣是慈濟委員的妻子安慰王賢煌：「想辦法找人來接啊！」人文真善美的功能是比較專業的工作，找人接談何容易？這時候，剛好回花蓮出「四合一幹部研習營」的勤務，聽到上人對著學員說：「人才很多，你要會找幫手呀。」有如醍醐灌頂。

「是啊！過去因為自己太完美主義了，總認為這專業的東西非要自己做才安心，總是懷疑別人是否能做好，其實每個人都各有專長呀！副組長就是我最大的幫手啊！」

「少民啊！這次的中正浴佛需要動用非常多的人力，請您依企畫案協助提早調配人力。」

「脩忠師兄，海外研習營活動，麻煩您協助收圖的勤務。」

「心念轉，凡事正面思考」的王賢煌，開始善用各幹部及聯區的人力資源，做好功能分配共同承擔，他發現幾次大型活動下來，大家只要通力合作，都能順暢的完成使命。

王賢煌領悟到上人所說「天下事要由天下人來做」的道理，現在的他將重心放在陪伴、教育、分享及傳承。每天事業、志業、家業依然很忙碌，但見到同志同業，共同成就、歡喜承擔，出班後團隊的作品刊登於慈濟網站及各平面媒體、海報等等，獲得榮譽與肯定，發揮無聲說法的力量，他說：「再怎麼辛苦，都覺得幸福。」快樂付出儼然成為他最大的享受。

（文：沈玉蓮　臺北報導　二〇一三年八月十二日）

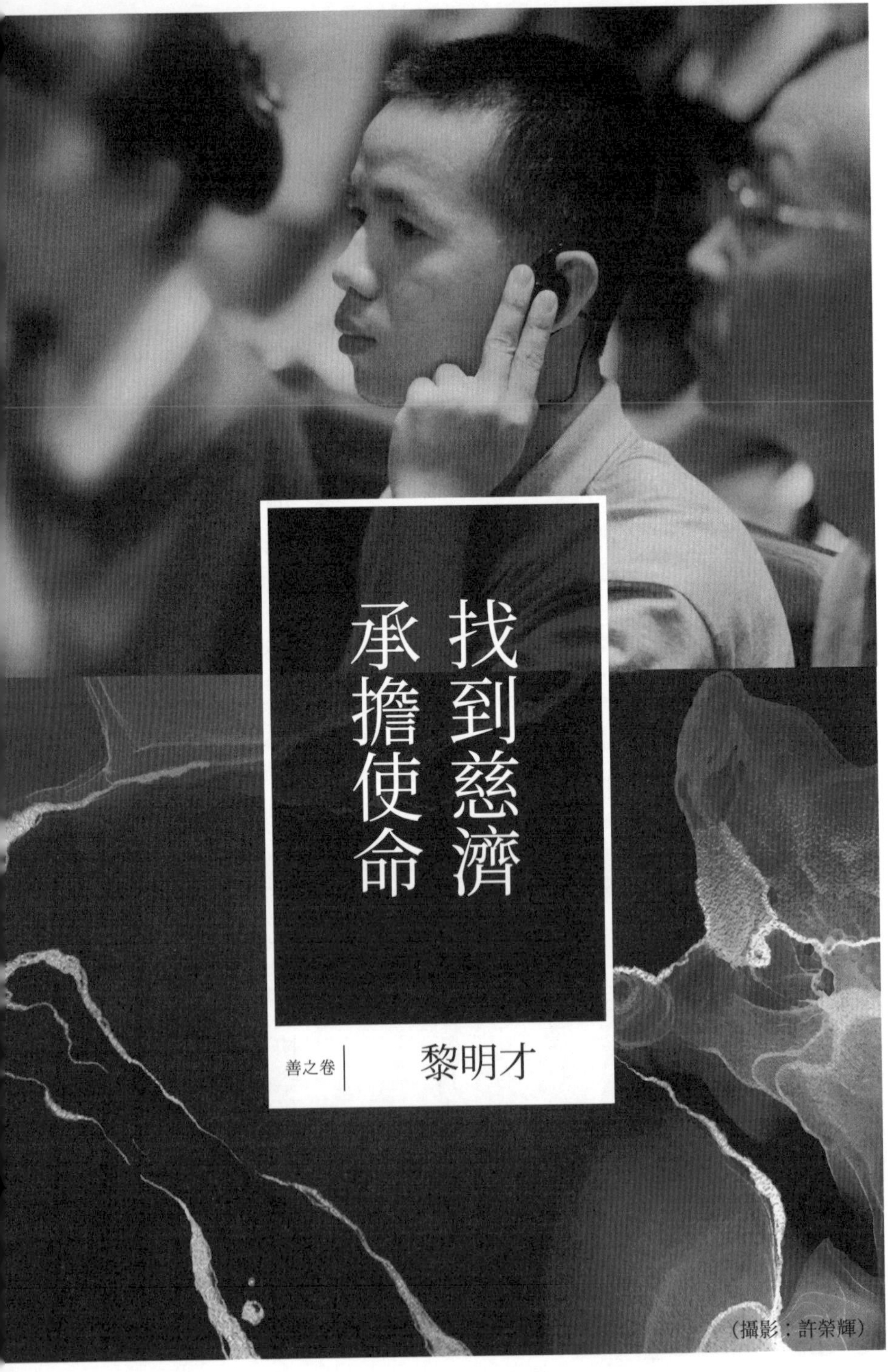

找到慈濟 承擔使命

善之卷｜黎明才

（攝影：許榮輝）

黎明才生長於越南胡志明市，從小就跟著篤信佛教的母親到寺廟裡。有一回，黎明才到寺廟拜拜時，寺裡正播放一部大愛劇場上演過的《牽手人生》給信眾觀賞。寺裡師父告訴信眾，這齣戲是真實的故事：中國大陸一位傷殘人士馬文仲老師，不因惡疾纏身而放棄，努力與命運搏鬥，更為了幫助家鄉失學的兒童，他和妻子艱苦興學、共同奮鬥的辛酸史。

「是『慈濟』幫助這對夫妻完成這個願望的。」這是黎明才第一次聽說這個佛教團體，為了進一步了解，他幫忙寺裡師父翻譯《牽手人生》，把戲劇字幕翻譯成越南文字，方便信眾觀賞。他也在過程中，認識到「慈濟」原來做了這麼多的事，他暗想：「我要找到這個團體！」

尋覓慈濟　落腳真善美

尋尋覓覓了一年多，終於在朋友的接引下，黎明才找到胡志明市慈濟會所。在二〇一二年一場「七月吉祥月」的慈濟活動裡，黎明才坐在座位上不停拍照的舉動，吸引了當時越南慈濟負責人林志朗的注意，活動一結束，林志朗就去找他問道：「你喜歡拍照？想不想深入了解、學習？」這番邀約，讓黎明才順理成章的進入人文真善美團隊。

黎明才在幾位資深志工的帶領下，攝影、電腦的技術都成長很多，他將所學用在網路媒體廣告的正職工作上，快速累積經驗，在職業與志業都有所發揮。他很喜歡參加活動，因為透過記錄活動的過程，不僅獲得感動，更磨練到技術。唯一的困擾是他的家離會所太遠，每每做完檔案再騎兩小時回家，有時到家已是凌晨兩點了。

黎明才不怕累，最讓他頭痛的是：「還要被回臺灣的師伯追稿、追檔案；活動辦完第二天，他們就開始追稿……盡力完成送出去的檔案，不一定能達到師伯的要求；但是，師伯會告訴我該怎麼做，不好就要改，一次又一次的改。」他像海綿一樣，不斷吸收新知、修正做法，而他的學習之路，也從技術層面擴展到精神層面。

打開眼界　年輕發大願

「要不要陪黎明才來臺灣？」越南胡志明市的慈濟幹部蔡小華，陪伴著黎明才一路成長，當接到「二〇一三年全球人文真善美幹部精進研習會」訊息時，蔡小華考慮了很久，最後決定排開家務事與工作，並請其他志工來代理慈濟上的工作，專程陪他到臺灣參與真善美營隊。

還沒來臺灣之前，黎明才曾經這麼想，技術上有師伯的教導，應該不成問題，擔心的是慈濟人文的呈現。「小華師姑告訴我：『回來臺灣可以更貼切的接受慈濟人文，以及求法。』這也是我來臺灣的目的。」在營隊中，不到一天的時間，他已經學習到了很多的方法，如何度人、帶人、如何去做紀錄，以及該做的事等等。每聽到講師所說的一個方法，他都覺得應該可以嘗試；下課後，馬上就找蔡小華討論可行性，希望帶動更多真善美志工。

儘管黎明才覺得自己在慈濟裡，年紀還輕也算資淺，如果以他這個新人來帶比較資深的志工，好像說不過去；但他想到，真善美這一塊如果不做一些調整、沒有加把勁、沒有一些方法、沒有一些規畫，如此下去，不但做得不好，可能會漏掉很多的足跡。

蔡小華也鼓勵他，只要有心、有願一定可以改善、調整得更好。「他一定可以做得很好，因為，他是一個很用功的年輕人。」蔡小華承諾要支持他，和他一起帶動志工投入人文真善美的行列。

「只要有人想學，我一定會用心傳承。」黎明才放下「自己太年輕」的心理障礙，因為他看到慈濟在臺灣和其他國家都做得那麼好、隊伍這麼浩蕩，更希望能在自己生長的國家——越南，接引更多人來做慈濟。

（文：彭鳳英　越南報導　二〇一三年八月三日）

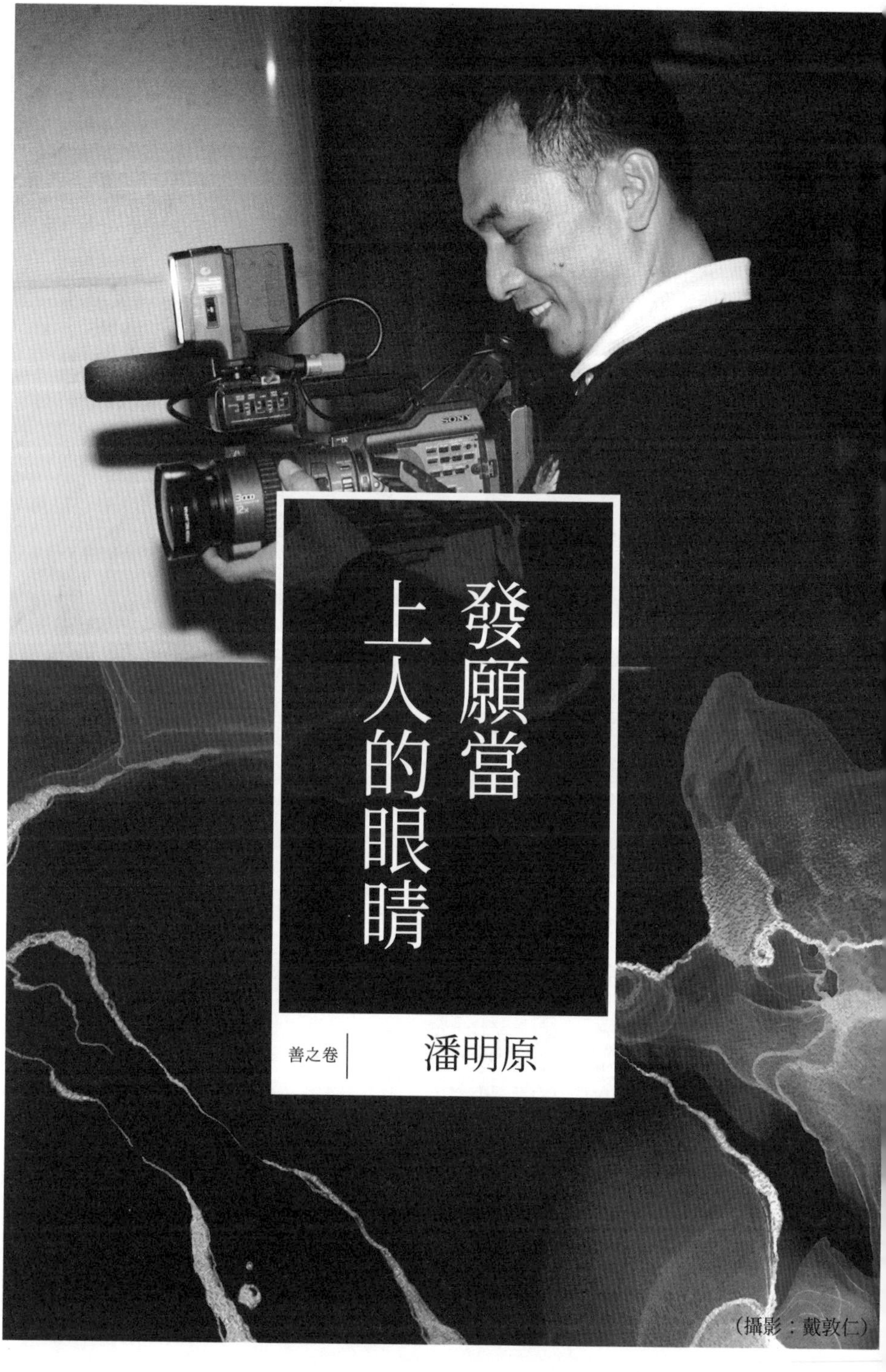

發願當上人的眼睛

善之卷｜潘明原

（攝影：戴敦仁）

「凡走過必留下足跡，看過必留下記憶，做過必留下歡喜。」潘明原永遠記得慈濟醫療志業執行長林俊龍先生說過的這句話。他回想成為人文真善美志工至今（二〇一三年）十三年來，不管走過的足跡有多遠、看過的記憶有多深、做過的體會如何歡喜，都已成為自己的人生經驗和生活智慧。

觀察與想像　影像呈現感動

少年求學時，潘明原即對生命中某些畫面有種觸動。在學習清朝作家沈復的《浮生六記之兒時記趣》時，潘明原運用自己敏銳的觀察力和豐富的想像力，把尋常事物幻想成新奇的景象，寫下生平的第一篇文章〈秋末冬初〉。從此之後，他便養成在環境中尋找感覺和感動。二〇〇〇年開始，他試著把這些用影像來呈現。

屏東縣東港鎮是個漁村，垃圾場中魚屍隨處可見。環保志工在資源回收的過程中，往往忍受著魚屍腐臭味。儘管如此，志工仍然勇往直前，期盼在短暫的掩鼻忍耐過後，讓大愛化清流，清流繞全球。

有一次，潘明原與環保志工在漁港附近的回收過程中，見到一箱魚屍，魚體上布滿了令人作嘔、扭動不堪的蛆。當潘明原將這箱魚送上環保車時，一個不小心，竟將這些蛆魚倒在自己的臉上！

臉上滿是扭動的蟲蛆，潘明原想，哪一天往生時，自己深埋在土中的軀體，不也是這般的萬蟲啃噬嗎？心有所悟的潘明原發現，凡事只要用心去做，做中學、學中覺，即能福慧雙修。

因為親身去做，在記錄環保菩薩身影時，更能感同身受。早期錄製的畫面雖不穩定，色韻有些偏黃。但事隔多年，潘明原回憶畫面中志工做環保的神情，內心的感動依然猶存。

如二〇〇三年人文真善美通識課程的結業作品〈生命勇者〉，主要是敘述環保志工曾和金，在癌症末期依然不放棄做環保，只希望兩個孩子能接手他的環保志業。

而位於台九線旁丹路部落的環保志工林清標，在不同宗教的部落中推動慈濟的環保志業，因部落族人不認同而被當作是惡魔，但是他信念堅定並且身體力行維護社區環境，如今已被族人接受。

環保志工諸如此類的感人故事不勝枚舉，不論是年長，或年輕、或病、或身障付出的身影，他們做環保時堅定的神情和爽朗的笑聲，讓畫面的感受既真、又善、又美。而這都要從潘明原和影視組結上好因緣說起。

用心跟著走　當上人的手和腳

二〇〇二年，屏東縣東港地區成立了兒童親子成長班，潘明原被安排到負責照相的工作。同年社區歲末祝福，屏東分會積極展開「人間菩薩大招生」，招募各項人才。洪正雄推薦潘明原給屏東分會的影視組長戴敦仁學習錄影。

戴敦仁隨即將手上的錄影機交給沒有錄影經驗的潘明原，潘明原就在戴敦仁的指導下，在戶外拍起了花花草草，熟悉機器的操作。隔天，戴敦仁再次來到新園指導他，讓他一腳踏進了影視組，在慈濟志業更有願力，直下承擔。

從環保又踩出新腳印的潘明原，將原來積蓄的股票全部變賣，購置了一部性能良好的數位錄影機，以便練習，在需要的時候，也能隨時記錄慈濟菩薩道上的點點滴滴。

在大林慈濟醫院擔任志工期間，於一次志工早會上，聽到證嚴上人感恩讚歎「影視志工是他的眼睛」。藉由視訊連線，潘明原在上人面前發願，要當上人的眼睛，不僅要將人間的美善收入鏡頭，更要報導黑暗角落的人間悲苦，啟發大家的善念與善行，還要當上人的腳和手，用心跟著上人走、跟著上人做。

受災也救災　記錄人性之美

身上的藍天白雲、手上的錄影機、腳上的白布鞋，伴著潘明原走過許多事件的現場，看見人間菩薩用無所求的愛膚慰受苦難的人。

二〇〇九年八月六日至八月十日間，莫拉克颱風侵襲臺灣，帶來創紀錄的雨量，讓臺灣中南部及東南部發生嚴重的水患，山上洪水夾帶的土石淹沒整個村落，沿岸的堤防被洪水沖破，大量的泥水灌進民宅，洪流所到之處一片狼藉，屋毀人亡的訊息，讓那年的父親節，成為許多受難民眾難以抹滅的記憶。當時潘明原親眼目睹一尊尊的活菩薩從地湧出、四方雲集，為眾生拔苦予樂。

八月十三日晚上，潘明原隨著慈濟志工坐上救生艇，在東港地區進行熱食發放，所到之處水深及腰，鄉親的家具及生財器具全泡在水中，在停水、停電的狀況下，接到慈濟志工送來的便當，內心激動不已，淚水在眼眶裡打轉，志工柔言安慰：「人平安就好、平安就好。」此時，潘明原感受到慈濟人真的是苦難人的最大依靠。

林邊鄉受災嚴重，需要志工支援救災，志工們八月十五日接到訊息，潘明原十六日就進入災區，眼前除了滿目瘡痍，也看見數以萬計來自全臺各地的志工湧入林邊，他們手裡拿著鏟子、掃把、提著水桶等，投入每一個受災的居民家中，協助清除淤泥，儘管身上全是帶著魚腥味的汙泥，但是他們的心就像出汙泥的蓮花一樣，綻放著慈悲的馨香。

志工裡有一群來自新園港西村的志工，他們同樣受災，幸運的是，水退去後沒有泥沙，迅速清掃自己家園後，即刻投入林邊的清掃行列。他們用同理心來協助林邊鄉親清掃，並互相加油打氣，此時此刻，患難見真情的畫面，更彰顯出人性之美。

國際賑災記錄　見證大自然威力

真善美的紀錄工作從不停歇，潘明原鼓勵新進的錄影志工：「一定要多拍，多看影片，學習專業的拍攝手法，經驗多就懂得取捨，最重要的是要自己學剪輯，看影片的過程中，最容易發現自己缺失在哪裡。」

一心精進的潘明原，除了向資深的錄影志工學習，還不時與大愛電視臺的文字與攝影記者討論，如何做好在地慈濟人、慈濟事的紀錄工作。如今更進一步到高雄空中大學進修大眾傳播，從不同的領域提升自己的專業能力，而得以隨慈濟志工前往海外賑災，見證慈悲，傳遞人間美善。

二〇〇八年五月十二日，大陸汶川地區發生地震矩規模8．3強震，無數民眾傷亡，災區面積將近臺灣三倍大，超過四千六百萬人受災。慈濟基金會向全球發起「慈濟川緬膚苦難，大愛善行聚福緣」的募款活動。首梯救援物資於十五日抵達災區，志工同時展開賑災評估，膚慰災民，為災民供應熱食。

五月二十日，慈濟第二梯次賑災團展開了連續十七梯次的醫療、關懷、熱食發放等援助，潘明原隨著第九團前往災區進行拍攝工作。行前，上人叮嚀所有的志工：「要輕輕踏上災區，穩穩站住腳步，給予深深的關懷。」

參與賑災期間，除了目睹大自然的威力之外，也見證了人間菩薩用「無緣大慈，同體大悲」縫補這塊被撕裂的大地，讓災區綻放出充滿希望的生命新芽。

夫妻同修　歡喜走上菩薩道

慈濟路上，夫妻同師、同志、同修，是最美滿與幸福的家庭，家庭幸福美滿就能帶動社會的祥和，這也是上人對弟子的期盼。

妻子洪月霞在二〇〇二年底受證為慈濟委員，承擔起環保與影視的工作，此刻的潘明原心中也起了些許的煩惱。家業與志業要如何兼顧，而且能做得歡喜自在呢？

秉持「自己做不到的事不要求別人做」的信念，每當要出門採訪，潘明原凌晨就起床準備早餐店營業用的各項物品，讓妻子能順利開張營業，才放心出門。

就因自己做得到，夫妻之間有了和諧的約定，只要能做到不影響家庭和孩子，他就能自在的出門付出己能。就這樣夫妻同修，一起攜手歡喜的走上人間菩薩道。

平日，夫妻倆也帶著孩子到養老院關懷，潘明原說：「全家一起做慈濟的感覺很好，這也是對孩子最好的機會教育。」

誠邀有心人　加入人文真善美

在慈濟，每天都有令人感動的人、事發生，需要更多的志工加入人文真善美的行列。今年，潘明原除了在社區積極招生，培植錄影志工，在各種不同的場合裡，也把握因緣，再三誠懇的邀請志工投入人文真善美行列。有近五十位的志工填寫報名表，共同組成文字、照片、影視三合一團隊，為人間美善做紀錄，見證人間菩薩大愛的足跡。

世間的一切苦，皆須從人心淨化開始，方能將其斷除。承擔人文真善美志工十三年的潘明原不改其志，心有所感的說：「一路走來不論是聽到的、看到的、接觸到的，無不都在拓展我的視野，增長我的智慧，讓我了解佛法的真理。」人間菩薩的付出讓他更明白：「付出的愛有多寬，得到的愛就有多廣。」

（文：潘明原、陳穎茂　屏東報導　二〇一三年十一月四日）

偷渡出境 到引度後進

善之卷

徐植

（攝影：謝秀蘭）

他總是堆著一臉笑意的圓臉，像極了彌勒佛，修養也好得沒話說，一口廣東腔國語，令人直覺他是華僑——但是，越南才是徐植的故鄉。

追求理想　暗夜偷渡

時值一九七一年內戰期間的越南，政局很不穩定，當時臺灣派駐越南的胡璉大使，到徐植就讀的初中演講，十七歲正值熱血澎湃的青年徐植，深受感動而參加了僑生考試，想來到臺灣。

「那年想出國念書，但不容易取得政府許可證件；若尋求非法管道，一旦出來就再也回不去了……」為了夢想，徐植選擇了一條任誰都無法預知結果的漫漫前路。

漁船在暗夜中起航，一盞昏黃小燈泡下的船艙裡，擠滿了同樣想逃出去的人，不論是誰都忐忑難安，尤其在聽聞前一艘船被查獲之下，只能面面相覷。徐植悄悄的將手伸向胸前，摸了摸母親偷偷縫在腰帶裡的兩百美元，臨行前母親依依不捨，殷切叮嚀的畫面浮上腦海，他心情盪到谷底，驚恐全寫在臉上。

悶熱的七月天，艙內魚腥、汗臭、嘔吐穢物……五味雜陳，徐植蜷縮著身軀斜靠在角落，海上的颱風早已令他渾身無力，只能任由怒海漂流。一直到了公海，才得以到甲板，呼吸一口新鮮、自由的空氣。又不知過了幾天幾夜，好不容易才捱到了下船時，徐植根本就站不穩也走不動，只記得是被人架著下船的。

到臺灣後，徐植先讀僑大先修班，隔年考上臺灣大學電機系。越戰結束，政府輪替，家中金援中斷，他幸運的得到臺灣政府允諾，可以用公費生身份繼續學業，只是他必須利用暑期勤奮打工，才得以換來一年省吃儉用的生活所需費用。畢業後，他無處可去，只好賴在學校宿舍裡，直到新生已完成報到即將進住的最後一刻，實在無法再拖延下去才搬出宿舍。

作為一個漂流他鄉的窮青年，徐植只能在所選擇的不歸路上繼續前行。在考上了公職、解除了經濟上的窘迫後，他就想把留在越南的父母親屬全接來。但一九七四年後，越南有八十多萬的華僑都想要申請到臺灣，但這著實不是件容易的事，徐植心裡很著急，天天掛念著家人，只能不斷鼓勵著自己：「不要氣餒，要比別人更努力、更有耐心。」皇天不負苦心人，徐植終於在一九八四年把父母及兄弟姊妹六人，都陸續平安接到臺灣……當越南於一九八六年改革開放後，他也迫不及待的回去看看，可是當年的同學，半數都不在了，讓徐植不勝唏噓。

堅持細膩　呈現質感

徐植自小就愛看電影，數不清的影片陪他在大時代的變遷中，暫時紓解生活壓力，以及思鄉慰藉。有時看完多天後，還意猶未盡的回想著劇情和拍攝的手法，無形中豐富著他對影視的內涵。

二〇〇二年，他從公職退休後，接受慈濟志工的邀約開始做環保，可他心裡總覺得不自在，尤其不習慣慈濟人的互動模式，像是將「阿彌陀佛」、「感恩」掛在嘴邊；更怪的是，「怎麼有人肯花自己的錢，還做得這麼認真投入，又不求回報？」這些志工因付出而歡喜的「怪現象」，直到他參與了慈濟「映象志工」才終於找到了答案。

有一次，影視志工外拍實作同遊阿里山，徐植自告奮勇嘗試為影片企畫、剪輯、配樂，作品獲得大家一致好評：「徐師兄！你這段畫面的變換呈現很有節奏感，剪得好棒！」

「香積組搓湯圓，氤氳繚繞的景象，徐師兄拍得好美！」每回志工看到由徐植所剪輯的影片總不禁讚歎道。徐植在志工不斷稱讚鼓勵中，逐漸掌握製作影片的要領。當臺北慈濟醫院興建期間，只要輪到他們區做紀錄，徐植為了多練習，每次都主動要求出勤務。

有一回，前往關懷老人院時，剛開始長者們都因為陌生而面無表情，於是徐植先放下攝影機，用關懷自己長輩的心情，真切的與他們互動，營造出歡樂的氣氛。那一次的影片，鏡頭下的長者因熟稔，自然的真情流露，充滿歡樂、開懷的畫面，深深感動了許多人。

徐植對美的細膩很堅持，他認為，鏡頭語言應該抓住當下想要表達的情境，「機器是人為操作的，要讓攝影者、被攝者、觀看者之間有想像對話的空間，影片才具有情感與生命力。」

「拍紀錄片首重真實，不能作假，才能談及善、美！」徐植柔軟善感的心地，卻有著擇善固執及堅韌的特質。為了追求完美，他到社區大學上企編及錄影實作課程，並閱讀許多剪輯軟體書籍。在上課的時候，他不懂就發問，勤記筆記，用心完成老師交待的作業。學海無涯中，每進一步又是一片新天地。

「這個畫面取景要稍偏一點，就會更美。」如今徐植帶領新人錄影出班時，也一定陪伴剪輯，對於畫面的優缺點，共同研究、共同成長。

跟拍半年　完成紀錄

在拍攝二〇〇九年歲末影片當中「輪椅上的勇者」施金木的片子時，徐植因「五十肩」發作，只要扛機器，總是痛得眼淚直流；但徐植對於車禍脊髓損傷、不幸又得癌症的施金木用力頗深，像是施金木不畏艱難、克服病痛，為玻璃娃娃設計實用的輪椅的毅力，徐植著實被感動。有整整半年期間，他配合著施金木的作息，完成跟拍紀錄。

為了要一鼓作氣的完成影片，徐植窩在家裡不眠不休，甚至忘了喝水。廚房與剪輯工作室之間，不時傳出夫妻間親暱的隔空對話。

「老婆——我肚子好餓了……」

「徐植，先休息一下，吃的馬上就來……」

這茶來伸手、飯來張口的老爺待遇，可是在徐植剪輯影片時才會發生的事……

妻子謝秀蘭也是真善美志工，負責勤務派班分配。每年初，影視志工勤務認養最捧場的當然非徐植莫屬了，好脾氣的他，笑咪咪的接受老婆大人指定勤務。

倆人一起挑燈夜戰、相互討論、腦力激盪，當然也有面紅耳赤，語調在不知不覺中升高的時候，有時為了影片的配樂劍拔弩張……但一支支的影片，最終都會在證嚴上人的四神湯：知足、感恩、善解及包容中完成任務，笑逐顏開。

從越南到臺灣，經歷戰爭的漂泊，走過人生的轉彎處，都是一分驚喜；退休後的徐植，在燈火闌珊中更加忙碌，他常謙虛的說：「未來無可預知，我能做的只是把握當下，多努力一點，勤快一點！」

（文：吳瑞清　臺北報導　二〇一三年八月十五日）

九二一 為世代留史

善之卷｜何敏宗

（攝影：林昭雄）

年輕時的何敏宗，對攝影很有興趣，花了將近十萬元購買昂貴的單眼底片相機——Pentax。

在九二一地震之前，已受證慈濟委員的妻子施美珍，每次要到彰化縣內偏遠地區作訪視時，都會拜託何敏宗開車載志工們一起前往。但到了現場，她都會特別跟何敏宗交代說：「你不要跟我們進去，待在車上等我們就好。」

原來，施美珍深怕何敏宗看到照顧戶家中髒亂、惡臭的情景會被嚇到，下次就不願意再載他們了。後來，何敏宗自金融界退休後，施美珍曾鼓勵他培訓慈誠，他卻以「何必這麼麻煩！」婉拒妻子的美意。施美珍仍耐心等待，舉凡回花蓮的企業家生活營、榮董生活營，都會邀先生一起參加，而何敏宗也會背起相機同行。

自購器材　記錄「九二一希望工程」

九二一地震發生後，資深錄影志工劉明邀約何敏宗參加「九二一希望工程」錄影任務，因為對拍照的愛好，也看到慈濟志工無所求付出和災民面對災難的無奈，何敏宗二話不說的答應了。

當年，買一部錄影機要新臺幣二、三十萬，這是一筆很大的花費，再三考慮之後，他先購置一部型號150的美規錄影機，不包含周邊器材也要十幾萬元。

於是，何敏宗以及劉明、陳淑貞夫妻共三人，就進入災區，開始紀錄援建學校的工程進度。

當時，還沒有普遍性的錄影志工，大愛臺購買三、四十部小型DV攝影機，外加兩捲帶子，交代何敏宗等三人，送到每一所學校，請校方就近記錄工程進度，但是因為學校人力不足，最後還是集合中區的志工一一認養，何敏宗與劉明就負責集集國小。

慈濟志工林慎就住在集集國小對面街上，她每天都會到工地關心、詢問工程進度，諸如整地、挖地基、綁鋼筋、灌漿、做板模或要辦活動時，就以電話通知何敏宗和劉明來支援記錄。

那段時間，他們幾乎每天早出晚歸，整天待在學校，有時為了因應隔天有重要工程進度，或是機關團體參訪而留宿南投，林慎會為他們打點吃、住。

有一次，為了趕工程進度，雷雨交加天，工人穿著雨衣吊鋼骨，劉明、陳淑貞與何敏宗三人，一人撐著傘讓另一人錄影，終於留下了珍貴畫面。何敏宗事後回憶：「現在想想，當時不管是工人或影視志工都冒著雷擊的危險，感恩還好一切都平安過去了。」

不論是慈濟工地的不抽菸、不嚼檳榔、不喝酒——「三不」文化，或集集校舍的三原則：鋼骨、綠化、通風綠建築；以及樸實無華的設計，拱廊、斜柱、雙層斜屋頂、木質欄杆構成古色古香的特色；還有以鐵路枕木鋪設步道，兩旁栽種樟樹，他日綠葉成蔭，自然形成「綠色隧道」等等的集集古鎮特色，都透過他們三人的鏡頭，為世世代代集集子民留下珍貴史料，也敘述著證嚴上人悲智雙運覺有情的胸懷，和慈濟志工從災難發生的那個深夜，一直到工程完工、學校啟用後付出的溫馨點滴。

尤其是慈濟援建的建築，牆面、柱子是由水泥、碎石子與沙子和成，其中的碎石子需要多磨一次，目的是不能尖、不能刺，摸起來圓圓的，當柱子與牆面乾燥完成後，再以霧狀的水沖掉表面水泥粉，讓石子露出來，時間久了也不會掉下來。慈濟的建築物是堅固、不龜裂的，這是上人的慈悲與智慧。

投入希望工程記錄了三、四年，他從鏡頭裡看到悲智雙運的證嚴上人，風塵僕僕到了學校，親手摸著牆面，如果發現石子太粗又過利（臺語：會傷人的意思），會要求再處理，確保「圓圓、細細」的才會過關。上人教導要以蓋自己住的房子心態，來蓋所有的建築物。

這些事情，何敏宗點滴看在眼裡，讓他毅然決然的在集集校舍啟用的同年受證慈誠，法號「本祈」。

成為影視講師　設立活動音控流程

九二一那段時間，不只錄影志工難求，懂得音控的人更是少之又少。為了膚慰內心飽受創傷的災民，慈濟志工分別在地震發生的當年年底，於集集國小、集集國中、埔里國中三地舉辦歲末祝福，由何敏宗和劉瑞潭兩人負責音控。

音控器材複雜，除了主要機體，投影機布幕、大音箱、三腳架還有一大團很重的電線，搬動很吃力，人手不足時，他們要自己搭設備、自己搬，再負責會後收拾。

「記得十二月三十一日晚上，我們在臺中辦完活動，與劉瑞潭師兄兩人收拾完畢，隨即驅車載著器材趕往南投，去支援第二天的歲末祝福。當時正下著大雨，雷雨交加，我心裡在想：『此時此刻，我們竟是在這裡！』馬上又生出另一個念頭：『我們是為了災民！』」很巧的是，車子一出集集隧道，剛好過了十二點，正是跨年。他們寄宿在一位志工家，飢腸轆轆的卻不好意思麻煩人家，直到早晨，才出門吃陽春麵，然後繼續任務。

歲末祝福活動是在未受損的簡陋禮堂裡舉辦，要播放影片時，光線從很高的地方直射進來，影響到投影效果，志工找來竹梯，小心翼翼的爬上梯子，設法將布簾遮住窗戶，才解決了光線問題。

三天後，完成三場活動回到臺中，已經半夜十二點了。

「這是當時的一股熱情，一直忙一直忙，要把事情做完，沒有時間概念。」何敏宗回憶起那段無眠不休的日子，至今都感到甘甜。

一九九八年，隨著淨化人心志業更加積極地進行，成立了「慈濟影視映像志工聯誼會」；二〇〇三年，慈濟基金會人文志業發展處在全臺開辦第一屆「攝影、拍照、文字」三合一通識課程，由大愛臺的講師來教錄影技巧，文發處則負責講授慈濟人文課程。第一天上課，文發處主任何日生開場時，即點名何敏宗來帶中區，於是何敏宗便開始承擔錄影教學。

後來，臺中分會的活動越來越多，教學場地轉移至新田志業園區的大藝教室，通識課的總窗口是蔡謀誠，負責教ＰＰＴ簡報；簡宏正上攝影課；何敏宗負責教錄影、剪輯軟體課。每週上一天的課，學員有一百多位。

他很謙虛的說：「我不敢說教剪輯，早期相關軟體都是英文版，我是邊學、邊做，有心得了，再分享。」

當年辦大型活動時，是由宗教處統一提供光碟片，有時候光碟會挑機器，或是光碟機也會挑片，萬一不相容時，就會「出槌」（無法播放）。記得有一次歲末祝福時，忽然間影片停下來，精舍指導師父看著何敏宗，大眾也不知道發生了什麼事，他只感到非常、非常緊張，不知如何圓融尷尬場面？

後來，何敏宗滿腦子想著要怎麼做，避免再度出狀況。終於皇天不負苦心人，讓他想出了一個點子——事先在家做功課，將所有資料、影音與字幕等輸入電腦，影像檔與聲音檔分不同子夾做好，依照流程排序，在活動現場自備筆記型電腦，完全不用光碟片，以後中區就一直遵循這樣的方式和默契，讓往後的活動都辦得莊嚴而圓滿。

傾力培養後進　為留史傾囊相授

隨著時代進步，現在的社區大型活動，何敏宗多半主控導播盤，負責現場三至四部錄影機影像的選取，聲音檔一位志工負責、影片檔一位志工負責、字幕檔一位志工負責、音量大小由一位志工控制，音控團隊合和互協，圓滿每一次的活動。

二〇〇七年，何敏宗請辭影視種子講師，照顧年邁雙親。雖然深居簡出，他的工作室還是不停歇，社區大型活動的音控及特殊事情，他一定全力協助，隨時支援活動組影片的剪輯任務。

工作室裡配備齊全，收藏豐富的影音資料，就連遠從國外回來的志工也慕名前來請益，舉凡攝影技巧、照片處理、影片製作，他都毫不藏私的分享。

何敏宗允諾，只要不影響照顧年邁母親，一定會隨時補位指導後進。十幾年下來，經他教導的志工有千人之多，但影視志工來來去去，最後留下來的並不多，他仍然傾囊相授，相信一定會有和他一樣，帶著使命繼續恆持，為慈濟留史，為時代作證。

（文：陳素蘭　臺中報導　二〇一三年七月二十六日）

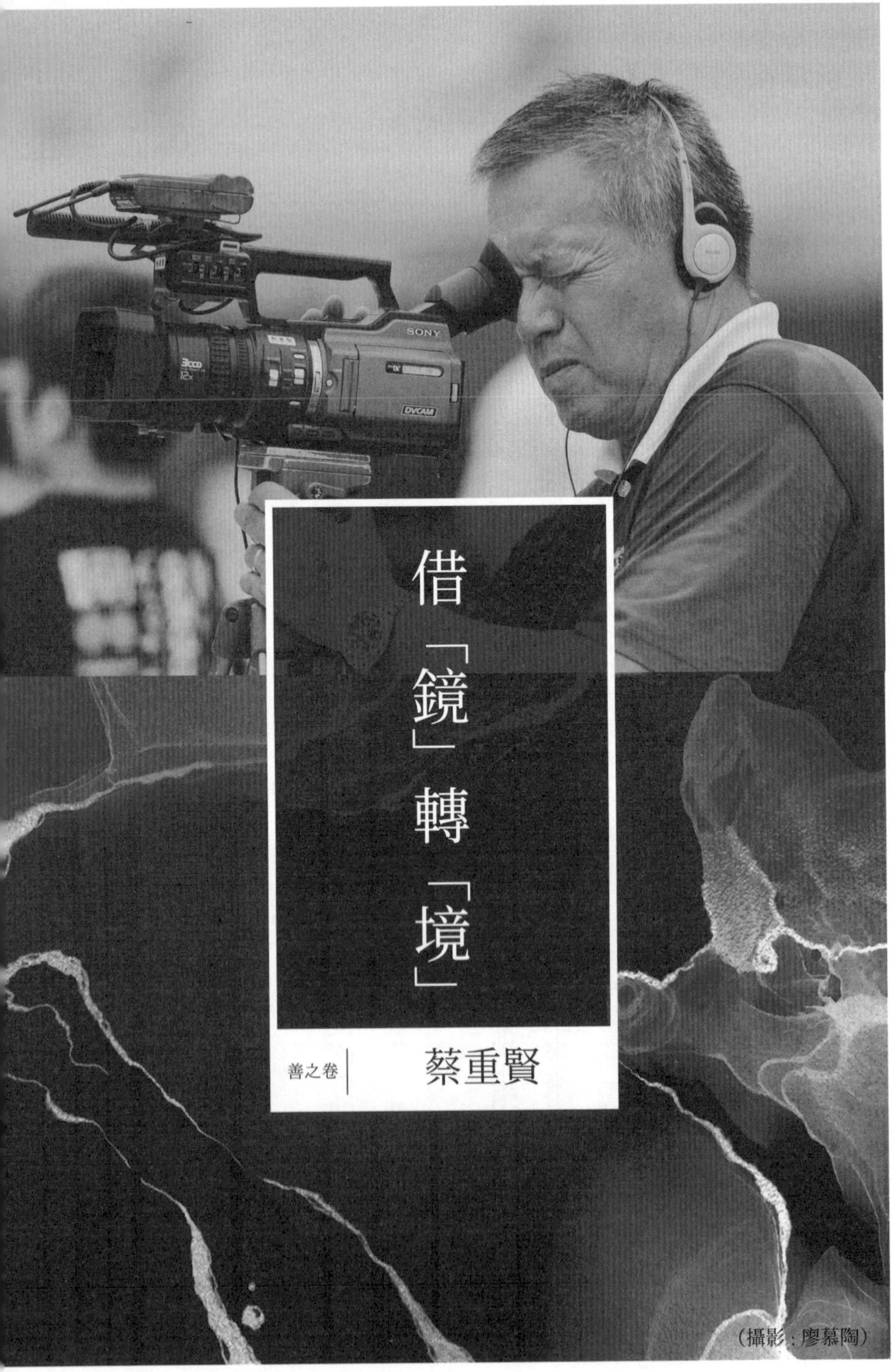

借「鏡」轉「境」

善之卷｜蔡重賢

（攝影：廖慕陶）

「對不起！今天有點事，無法出任務了……」必須接受第二支心臟支架手術的蔡重賢，在被推進開刀房前，神色自若、不疾不徐的「通知」在慈濟大愛臺出勤務，記錄「合心共識營」的錄影工作夥伴們。

身材高大魁梧的他，十五年來背著厚重的攝影器材，穿梭在慈濟各項活動中，只要有需要，他都勇於承擔……

溫妮颱風來襲　瞬間摧毀畢生積蓄

重賢年輕時是一名平面攝影師，擁有自己的工作室，由於事業上的成就獲得肯定，成為獅子會的「獅兄」，那個時候他正意氣風發。

一九八四年興建花蓮慈濟醫院時，蔡重賢的母親認捐了一張病床，所以每個月都會有《慈濟道侶》刊物寄到家裡。但即使刊物就在眼前，他也未曾翻閱過，因為他認為內容只是宗教的文宣。

一九九七年八月，溫妮颱風經過臺灣北部，颱風帶來的豪大雨量破壞地基，擋土牆瞬間崩落，強勁的土石流造成新北市汐止區的「林肯大郡」坍塌，二十八人死亡，一百多位居民房屋損壞或全毀，無家可歸，而這剛完工不久的社區，正是蔡重賢砸下畢生積蓄在此購置兩戶房舍的地方。他萬萬沒想到，當初建商以「臺灣第一座複合式整體開發的大眾貴族化社區」作為促銷號召，怎麼就如此地不堪一擊？

發生災變第一時間，蔡重賢看到慈濟志工忙進忙出、無私無我救援、夜以繼日的付出，這種人飢己飢、人溺己溺的精神，著實感動了他。在還來不及向他們道謝，慈濟人任務完成後，就靜悄悄的撤走了，重賢當下就想：「假如將來我可以進入這個團體，那有多好呀！」

全家移民加拿大　一切從零開始打拚

花費多年心血購置、裝潢的家園一下子全都付諸流水，讓蔡重賢萬念俱灰，對整個大環境失望極了。此時，申請多年移民加拿大的核准通知正好寄到，於是在短短三個月內，蔡重賢匆匆帶著母親及全家

「逃」至加拿大，「做出年近五十歲，從零開始拚事業」的最後一搏。

移民加拿大前，清理家中雜物時，十九歲的兒子看到了成堆的《慈濟道侶》，順手看了幾篇文章後對爸爸說：「這《慈濟道侶》還滿好看的喔！」這時蔡重賢才好奇的從兒子手中接過來翻了翻，他發現這些刊物不是想像中看不懂的經文，而是淺顯易懂的白話文，內容也很貼近生活，有許多感人的真人真事，深深觸動了他的內心。

最終蔡重賢還是起程了，即使前往一個完全陌生的異國討生活，是那樣的步步驚心、寸步難行；在這樣陌生環境中，還好有臺北獅子會會長的孿生兄弟，適時的幫助蔡重賢解決了很多難題，諸如買房子、考駕照、涉及法律方面等諸多問題，陪他度過最艱難的日子。而因緣也很巧妙，這位兄長的太太正好是慈濟加拿大分會的委員。

蔡重賢想起溫妮風災時與慈濟人近距離的接觸，和當時希望進入這個慈善團體的一念，所以當兄長的太太一邀約，他即欣然參與。油漆粉刷、香積、拍攝骨髓驗血活動、支援救世軍、關懷街友、發放、煮熱食、訪視、急難救助、食物銀行，這些活動都可以看到他的身影，哪裡需要他，他就去哪裡。直到有一次蔡重賢協助《父母恩重難報經》手語劇的拍攝工作，被志工發覺他的攝影長才，受邀加入慈濟影視組，開啟他培訓成為慈濟志工的旅程。

天人交戰之際　父母恩重難報經現腦海

二〇〇四年，蔡重賢的母親回臺解鄉愁，卻因中風住院。得知消息的蔡重賢心急如焚，但為了拿到加拿大公民權正在坐「移民監」無法立刻回臺灣，情急之下，只好讓太太先行返臺照顧母親。

其實過去他就曾經為了拿到公民權，放棄慈濟培訓課程中最後的回花蓮「尋根」，被迫中斷培訓。如今母親的病情又讓他陷入抉擇，直到居住的時間夠資格向移民局請假時，才趕緊回臺探望母親。

與主治醫生深談後，了解母親已不可能再回到那遙遠的國度生活，但公民權只差兩個月就可以拿到，要放棄嗎？在異國艱辛打拚的心血要放棄嗎？若回臺灣，一切得從頭開始，自己還有這體力與時間嗎？

正當蔡重賢天人交戰之際，《父母恩重難報經》裡的字句，如洪水般衝陷他的腦海：「是的，子欲養而親不待，行孝不能等啊！」當下，他決定留在臺灣，由兒子處理在加拿大一切事務，一個貨櫃載回了二千多個日子的點點滴滴及酸甜苦辣的回憶。

回臺後，除了照顧母親，亦須為生活重新找工作。跌跌撞撞、尋尋覓覓，最後決定承接已一片荒蕪的家族產業——五股墓園，一人背負起經營墓園的所有工作。

一年後，當生活一切就緒，蔡重賢上網找到住家附近的「建泰廣場」，重新與慈濟接軌，參與慈濟各項活動，再次從頭開始見習、培訓、受證，終於走完培訓的漫漫長路。此後，慈濟路上總會看到一位高大壯碩、汗流浹背，卻難掩儒雅風範的真善美志工，扛著錄影器材，在人群中駐足。

一切交給菩薩　豁達的進入開刀房

二〇〇五年臺北慈濟醫院正在蓋醫生宿舍，蔡重賢承擔工地雜物清理。有一回，他在屋頂清除水泥塊時，突然覺得身體非常不舒服，以為是感冒而不以為意，但三天後仍未好轉，才到醫院就診。抽血檢驗後竟是心肌梗塞，肺部已積水，病情急轉直下，直至呼吸停止，緊急送到加護病房搶救。

被救醒時，看到一張張著急的臉孔，他還幽默的想著：「幾天來無法平躺的睡個好覺，此刻正是一覺好眠，卻被吵醒了……」並帶著「一切交給菩薩」的心情，豁達的進入開刀房。這是他在心臟裝上的第一根支架。

術後他仍積極參與志工，還承擔了北區的錄影作品回饋建議的主責志工。白天忙於工作的他，只能利用晚上觀看；雖然白天工作已經很累，但他總是很有耐心的將每卷帶子從頭看到尾，常常得熬到深夜。但他仍樂此不疲，甚至開心的說，從中學習到許多新的拍攝知識與技巧，收穫最多的是自己。

二〇一〇年協助花蓮人醫會活動拍攝，那時蔡重賢每天須注射胰島素，但在花蓮營隊的作息時間和平時不同，忘記藥劑的劑量須調整，造成血糖太低，直冒冷汗、全身發抖，被送到醫院急救時，醫生說：「再慢半小時就要休克了！」結果隔天五點不到，他就溜回工作室待命。

雖然有兩根心臟支架在身上，醫師跟旁人的眼光中好像是很嚴重的樣子，但他總覺得：「做的當下，我沒有感到任何的不適，所以很自然的，我就繼續做下去了。」

變成師兄　果然不一樣

還在加拿大時，蔡重賢曾拍攝一位志工分享她的外甥女在癌症往生前，知道自己的時日不多，囑咐要器官捐贈的感人故事。錄影當下，蔡重賢發現眼淚在不知不覺中流下來，擔心別人發現不好意思，趕緊換另一隻眼睛拍，偷偷擦眼淚；回過頭看，發現大家全都哭得稀哩呼嚕的，而他也萬萬沒料到，從此這樣的經驗會一再上演……

慈濟三十五週年，加拿大慈濟的師兄姊回到花蓮靜思堂，參加骨髓捐贈相見歡。臺上臺下感動的哭成一團，他當然也是其中之一，只是他一樣得想法子偷偷拭淚。

又一次，影帶共修時播放抗癌志工林月款的故事。從林月款發病到往生，都是蔡重賢掌鏡隨時跟拍。對於林月款坦然面對死生，勇敢的走出來分享生命的真諦，蔡重賢一直看在眼裡，十分敬佩。此刻，他終於忍不住封存已久的不捨之情，獨自躲到大柱子邊號啕大哭。

加入慈濟後，在鏡頭後，看盡了人生百態、悲歡離合，蔡重賢變得容易感動，身段也柔軟多了，感情更豐富。

從事墓園管理　回歸內在清淨本性

蔡重賢現在的工作是墓園管理，要整理墓園雜草，保持環境優美整齊，讓來到這裡的親人或參觀者都能感到舒適。他在園內修建了一座地藏菩薩的亭子，供奉一尊莊嚴的地藏王菩薩，每天上工前，先向地藏王菩薩禮佛三拜。

在整理環境時，他常趴在地上拔草，旁邊三尺底下躺著一位往生者，可是他心裡沒有畏懼，反而心生歡喜，因為能跟他們結一分好緣。

他很高興從事人文真善美及墓園的工作；墓園工作量大，每每大汗淋漓，正好做體內排毒，就連心臟因梗塞而結疤的部分，醫生說不會好轉，後來再檢查卻改善很多，連醫生都很驚訝他身體的變化；人文真善美的工作，則讓他做了心靈的排毒。很多朋友知道他現在是「墓園管理者」，都很訝異的說：「你那ㄟ屈ㄟ落去（臺語，委屈之意）？」重賢一點也不在意的回答：「現在的我，知足常樂、生活多采多姿！」在經歷過人生潮起潮落後，能成為一個與世無爭的人，是回歸內在清淨本性，用一個更寬廣的心來看待事情。

女兒嘉莉也因為多年來受父親的薰陶，一起承擔平面攝影及錄製的工作，蔡重賢說：「她是我的『頭教師ㄚ』（臺語，第一個徒弟之意）！」父女倆攜手走在慈濟人文這一塊福田上，內心只有滿滿的感恩與歡喜。

有一次，蔡重賢分享在慈濟醫院急診室急救時的情形，被問到是否有看到亮亮的光？他幽默的回答：「當然會亮亮的喔！如果你想知道，請加入人文真善美，我再告訴你。」隨後他繼續解釋道：「當人瀕臨死亡時，瞳孔會放大，視網膜會接觸到較多的光線，所以會看見亮亮的，瞳孔就是鏡頭的光圈……」

他把嚴肅的話題帶入攝影的教學，自娛娛人又帶期許的口吻，希望能邀到志同道合的夥伴進來，一起傳承美善；透過鏡頭，將技術和經驗，傳承給後進，讓更多人知福、惜福、再造福。

（文：凌涵沛　臺北報導　二〇一三年七月二十四日）

全力以赴　享受過程

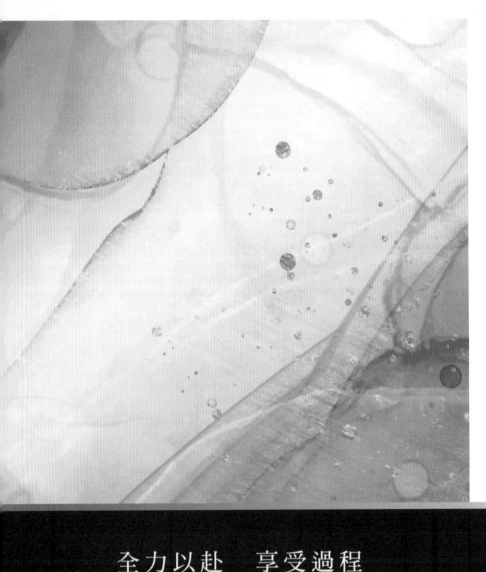

美——之卷

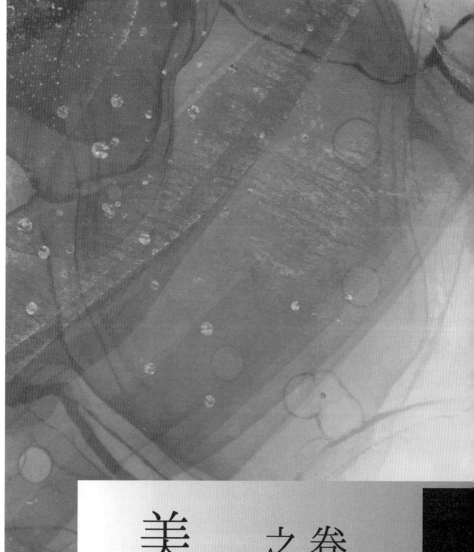

小辣椒改做大菩薩

美之卷

林寶珠

（提供：慈濟雪隆分會）

「小辣椒，妳今天吃錯藥了呀！為什麼今天沒有罵人！」未參與慈濟前，林寶珠脾氣暴躁，在公司只要稍不順眼立即破口開罵，公司同仁受不了她嗆辣的個性，所以幫她取了「小辣椒」的外號，想當然爾人緣自是不佳。

慈悲留影受感動

某天，林寶珠在慈濟雪隆分會看到證嚴上人的《慈濟世界》中〈福田一方邀天下善士，心蓮萬蕊造慈濟世界〉的介紹，她立即被人間菩薩的招生圖文吸引，撼動之餘隨即加入志工行列。二〇〇六年承擔訪視協力組長，喜歡拍照的林寶珠希望有天能將影像結合志業，拍出感人的影像，廣招更多菩薩。

二〇〇九年，因慈濟馬來西亞雪隆分會缺影視志工，林寶珠欣喜的加入真善美攝影志工行列。第一次承擔出班，林寶珠欣喜的「喀嚓、喀嚓」猛按快門，共拍了三百多張照片，回家篩圖時卻找不到理想的照片可用！勉為其難篩選出五十張照片湊合使用。事後究因，慈濟活動是報真導正，志工跟照顧戶擁抱的感人畫面，或感動流淚的鏡頭稍縱即逝，又不能要求他們重來一次！這跟自己喜歡拍照是兩回事。

有一次訪視出班，照顧戶的媳婦不堪困苦的環境離開了，留下一個孩子讓有病在身的公婆照顧；看著老奶奶杵著拐杖，行動不便的張羅午餐，十幾歲的孫子在一旁幫阿公按摩手腳，林寶珠紅著眼眶按下相機快門，苦難的畫面深深烙印在心中，成了柔軟慈悲的種子播種在心田。

不發脾氣留文史

回到心靈故鄉花蓮靜思精舍時，聽到上人輕輕一句：「妳要聽話。」林寶珠從此收斂脾氣，若再遇到不順遂的事想發脾氣時，想到上人靜思語：「脾氣再好，嘴巴不好也不算好人。」「發脾氣，是拿別人的錯誤懲罰自己。」林寶珠想想，何必為了他人的過錯，讓自己的腦細胞死光光，對己身有何益？何況氣壞了身體，別人也無能代受，從此發脾氣的習氣就不復存在了。

有一年，林寶珠回臺參與全球真善美營隊，從認識相機結構開始學習，到如何構圖、如何使用光圈、快門，雪隆分會志工也無私傳承。林寶珠很高興，不會可以免費學到會，這種好事只有在慈濟才有。受惠於慈濟，也發願在慈濟付出，從參與中學會觀察活動氛圍，提早定格做準備，以捕捉瞬間即逝的感人畫面。

如今，八十歲的媽媽會跟未婚的林寶珠說：「反正妳在慈濟很忙，只要妳開心就好囉！」雖然慈濟活動很多，辛苦又幸福，她仍把握每次參與活動的機會，所有的假期幾乎都用在大型活動出班，以志業為主事業為輔。

此次回來花蓮參加「二〇一三年慈濟全球人文真善美幹部研習營」，林寶珠希望學習如何帶人、帶心，尤其當地人的經濟狀況不佳，參與真善美攝影要自購器材，對他們而言是負擔，所以真善美影視志工難招募，更要珍惜。回僑居地後，她期待能進一步為時代作見證，為慈濟留大藏經，為人類寫歷史，將剎那感人的畫面化為永恆。

（文：胡淑惠　馬來西亞報導　二〇一三年八月九日）

筆鋒力量 無可限量

美之卷｜洪乃文

（攝影：許長謀）

憑著初生之犢不畏虎的勇氣，也不知自己是否能將這「報真導正、傳播美善」的重責大任做好，心中有些後悔，當時太快答應承擔慈濟人文真善美的文字紀錄。

人文真善美團隊每次出勤務，必須走在最前，做到最後，為了文章能即時上傳，挑燈夜戰是常有的事。而且每次在活動現場，茫茫人海中，如何採訪到可用的題材，更是一大壓力，我不禁懷疑自己這麼一丁點能耐，能撐多久？

不准後悔　老公全力支持

二〇一二年，因資深志工一句「勇於承擔」的勉勵話語，我成為文字志工。剛開始只是抱著單純的一念之心，有勤務就勇於承擔，培訓時，也從來沒有考慮過受證後要參與何種功能組。後來因為住在臺中的二哥和二嫂是資深委員，也是當區人文真善美成員，我便在二〇一三年受證，正式加入人文真善美團隊。

二〇一二年一月十四日，我還沒有參加過任何編採培訓課程，就參加第一次在三重舉辦的「照顧戶歲末圍爐」活動，承擔文字紀錄。當時，全然不知該如何採訪？採訪什麼？更不知如何下筆，只好聽受訪者說什麼，就記下什麼。手中的筆就像紀錄器一樣，一心想將受訪者所述，一五一十的記下來。

然而，糟糕的是，不但錯別字一堆，而且根本來不及書寫出當天必須即時繳交的稿件。畢業出社會後，因工作關係都使用英文書寫，已經許久不曾使用中文書寫文章，很多字彙都已忘得一乾二淨，讓我的心情只能用熱鍋上的螞蟻來形容！

甚至第一次上社區志工課，在「知心相契」時間，隊輔要我做紀錄，很多字彙都忘光了，只好用注音或同音異字代替。當時著實感到很糗！中文字都不會寫了，怎麼撰寫文章？

不過，讓人感到窩心的是，先生知道我加入人文真善美志工後，親自到臺北市八德路，買了一臺筆記型電腦和一臺單眼相機供我專用。看到這些器材十分感動，卻又有些猶豫，心想：「都已經投資下去了，老公又這麼挺我，看來是沒有退路了……」於是提起勇氣，向人文真善美這條大道邁進。

是壓力　也是動力

幾個月的人文真善美之行，雖然走得跌跌撞撞，還是讓我成長許多。每次出勤務之後，限期繳交文稿的時間壓力，自然成為我排除外在誘惑的助力，還不可思議的轉化成一股文思泉湧的動力……

首次訪問「三重照顧戶歲末圍爐」的照顧戶，當受訪者談到困頓心酸之處，眼角閃著淚光，語帶哽咽，便牽動我的悲憫心，也為自己有福報能付出而感恩在心。

有一次的讀書會中，訪問一個九歲的小朋友王欣潔。欣潔小小年紀竟然能將「六道」——天道、人道、阿修羅道、地獄道、餓鬼道及畜生道背得滾瓜爛熟。

不僅如此，還能詮釋《悟達國師傳奇》裡滅障七心「生命無常如轉燭，一息不還同灰壤」的含意：「人的生命就像蠟燭一樣燒完了，熄滅了，就只剩下一堆灰燼，所以我們應該把握生命中的每一分、每一秒。」

欣潔詮釋得如此貼切，讓我自慚形穢：「自己都不如一個孩童來得精進！」從此便以欣潔期勉自己時時警惕，不能懈怠而輸給這位小菩薩。

學習與承擔　都靠一顆放空的心

在人文真善美有很多的課程要修練，更必須學習如何配合團隊運作，因為在團隊裡難免會遇到人與人之間的磨合……

有一次，出班採訪醫院志工聯誼時，花蓮慈濟醫院放射科李超群醫師分享道：「身為慈濟人，記得每天照鏡子，反觀自省，還要塗上慈濟面霜，『心如明鏡台，時時勤拂拭；明鏡亦非台，何處惹塵埃？』情緒平穩，愉悅的心，可以讓身邊所有人、事、物都加分。」

李超群醫師的這一番話，讓我豁然開朗：「對啊！就照李醫師方法。」開始得空就聽聽音樂、靜坐、禪修，讓腦筋清明而智慧大開，正是《無量義經》裡所述「靜寂清澄，志玄虛漠」「得大智慧，通達諸法」。這成了我調適及沉澱自己的方式，不僅能讓身心放空，還能重新找到力量再出發。

經過幾次不同活動的採訪勤務磨練後，我深深的體會到，筆鋒的力量是如此不可限量；不但可以攝心，讓人隨心轉境，還可以透過慈濟各種活動報導，報真導正，洗滌民眾心靈。更能廣結善緣，將愛心傳遞出去，讓一般民眾體悟，佛法可以這麼親民和生活化。

每一次勤務都是一個嶄新的開始，也是另一次學習的機會。我現在深深體悟身為人文真善美的一員，所肩負的使命和重任，也從活動中及受訪者身上，得到不同的啟發和感動，收獲最多的是自己，也不再擔心自己在壓力下還能撐多久。

期望諸位前輩能多包容多指導，讓這些剛萌芽的「新枝」能夠一起成長茁壯，挑起重擔，讓人文真善美團隊成長得像大樹一樣茂盛，開枝散葉，將社會清流散播到全球。

（文：洪乃文　新北市報導　二〇一三年七月二十七日）

小螺絲釘 盡全力

美之卷｜劉宏洋

（攝影：陳文賢）

左手緊握著相機鏡頭，右手小心翼翼的擦拭，劉宏洋邊對著身旁的志工說：「我省吃儉用才買了這臺相機。」臉上盡是滿足的神情。購買這部相機，對他是一大筆開銷，為了省錢，有時一個饅頭就打發了一餐，因為家用來源只靠太太的一份薪水，雖然有些捨不得，但是想到「工欲善其事，必先利其器」，最後還是決定買了。

慈濟志業是劉宏洋除了家務之外的生活重心，而這一臺相機是他最寶貝的工作夥伴，每次完成圖像紀錄的勤務後，他都會細心擦拭保養，再收進防潮箱內。太太趙麗娟見到他如此珍惜相機，又充滿法喜的參與任務，覺得這些錢花得很值得。劉宏洋也很感激太太的體諒，帶他從人生低潮中走出來，開拓生命的另一片天。

緣分注定　圖像耕福田

二〇〇六年劉宏洋剛過五十歲，尚值壯年時，任職的公司突然歇業，他被迫失業在家，家裡只剩太太一份工作收入。他想到兩個孩子讀書需要用錢，母親身體不好需請外勞照顧，憂心家裡的經濟，加上失業帶來的失落感，情緒因而陷入低潮，吃不下也睡不著，幾乎影響整個家的作息。這般憂鬱情緒，持續了三個多月。

當時太太趙麗娟已經接觸慈濟，時常參加初一、十五的拜願共修，她很擔心先生的狀況，便極力邀請他一起去共修，並鼓勵參與做環保。最初做環保時，劉宏洋總是躲躲藏藏的放不開，擔心街坊鄰居會以為他失業，淪落到撿回收過日子。

但幾次之後，他看到許多老菩薩，個個做得歡喜自在，深受感動。尤其參加環保茶會後，明瞭做環保的意義——將垃圾變黃金，護持大愛淨化人心是利益眾生的事，自己身強力壯，更應當多承擔。而他全心投入環保後，睡眠狀況也改善許多，漸漸走出低潮。

劉宏洋與太太一同參加志工見習，接著接受慈誠培訓。培訓中參與訪視，經常見到關懷戶家中汙穢不堪，案主體弱孤苦無依，相較之下覺得自己很幸福，沒有理由自艾自怨。之後，積極參與志工活動，加入人文真善美圖像志工。

進入人文真善美功能組，其實是誤打誤撞。培訓期間，各功能組大招生，劉宏洋想去學電腦，但是迷糊的走錯了隊伍，跟著舉牌引導的師姊走到人文真善美功能組。當時中山區人文真善美資深志工林綉娟，對他熱誠邀約：「歡迎加入『三合一』功能組！」劉宏洋一頭霧水的問：「『三合一』是什麼？要做些什麼？」林綉娟解說：「三合一代表文字、圖像和影像，你想耕耘那一塊福田都可以。」

劉宏洋有些惶恐，直說從未做過，不會做。林綉娟隨即安撫：「沒關係，我們有很多課程可以讓你『不會，學到會』。」劉宏洋就這樣隨順因緣，經過訓練課程後，開始了圖像工作。

反覆練習　追求真善美

缺乏照像實務經驗，幾次出班後，發現拍出來的圖片光線色澤常不盡理想，劉宏洋有些挫折。他常趁晚上家人都入睡後，練習拍照，利用客廳的燈光，模擬不同的明暗環境，研究光圈和快門的配合，不斷的重複練習，直到熟練為止。

參與各項活動出班，劉宏洋經常看到動人的畫面，就將心中的觸動透過鏡頭呈現出來。印象最深刻的是二〇一一年培訓課程圓緣，有位新受證委員在臺上分享，感恩直屬委員和培訓委員的陪伴，三人感動相擁而泣，劉宏洋即刻捕捉住剎那的鏡頭，內心也跟著悸動起來。

不久，劉宏洋收到北區圖像典藏組志工打來的電話說：「你有一張照片被典藏在花蓮本會映象新聞裡，很攝心喔！」

「真的？沒有弄錯？」劉宏洋不敢置信。作品被肯定，他莫大歡喜，更欣喜達成記錄歷史的使命。每次出班，他總是全神貫注，揣摩各種拍攝角度，期望許多感動的畫面能傳遞給讀者。

曾經幾次出班到養護所，院內白髮蒼蒼的長者與慈濟志工互動，有的老人開心的笑咧了嘴，有的老人聊出心事，紅了眼眶。記錄這些畫面時，讓他想起生病的母親，深感「行善」和「行孝」都不能等，不論多忙，每週末都會回苗栗探望母親。

勇於承擔　克服身障

「感恩中山區許多人文真善美志工都勇於承擔，尤其是圖像志工劉宏洋，去年出班了八十四次。」臺北市中山區資深志工羅富美，在二〇一三年初人文真善美會報中，表揚劉宏洋勇於承擔的事蹟，博得眾人的讚歎。

在場許多人並沒有注意到，劉宏洋生來右腳就不健全，長短腳讓他走起路來一跛一跛的，出任圖像紀錄其實是有些辛苦。遇到長時間的活動勤務，常讓他腳痠腰痛很不舒服。

二〇一一年經藏演繹期間，他經常整天在板橋靜思堂，跟著上下樓梯，記錄經藏排練。他靠著意志力支撐，一整天下來疲憊不堪，但是他仍做得很歡喜，不以為苦。「身體可以累，心不要累。」他常將證嚴上人這句話放在心裡，當身體不適時，更加全神貫注拍照，安住當下，漸漸忘記身體痠痛的感覺。

即使沒有輪值到圖像出班，只要參與任何慈濟活動，他都會把相機帶在身邊，不錯過任何珍貴的足跡，把感人的畫面記錄下來，使不在場的人也能透過照片，了解活動的實況，從中獲得啟發，進而受到好的影響。

劉宏洋謹記上人開示：凡事要「多用心」。他期許在人文真善美群體運作中，善盡「一顆小螺絲釘」的功能。每當他輕拭相機，對這個寶貝的工作夥伴，就有著無限的感恩，因為這臺相機，圓滿「為慈濟留歷史、為人間傳美善」的心願，也讓他走向開闊的人生。

（文：楊淑如　臺北報導　二〇一三年七月二十二日）

在紀錄寫作中盡情享受

美之卷 | 鄭淑真

（圖左，攝影：董健男）

隨著時間在眼皮上堆積重量，我的腦筋屢次停格罷工；螢幕的指標就停在最後一個字，安靜的原地跳動、閃爍，催眠似的……幾次反覆掙扎，「算了，明天再繼續吧！」

摘下厚重的眼鏡，輕揉生澀的雙眼，伸直略痠的腰桿，隨著頭部轉動，頸椎又發出熟悉「喀！」的一聲，是抗議、也是提醒吧！

瞄一眼時鐘，「哇！已經凌晨一點多了，不趕快睡，身體要顧，打電腦打到這麼晚！白天上班也是看整天的電腦……」媽媽的叮嚀及半夜起來上廁所的家人，常讓在客廳夜戰的我無所遁形。

不可能的工作　竟能轉化為志業

多年前，一位著迷於紫微斗數命盤的同事曾告訴我，關於我適合從事的職業。我最有印象的是，要算是「會計」和「寫作」。這讓進入職場後從事會計的我迷惑不已！一個是斤斤計較，連一毛錢都要計算清楚的理性會計；一個是有些想像力及靈感的感性寫作。如此迥異的工作性質，讓我直覺寫作這工作是不可能有機會去接觸的……

二〇〇五年底，我即將受證，當時的人文真善美窗口朱美慧，透過我嫂嫂、也是我在慈濟的引薦人，傳來口信：「請淑真在歲末祝福，幫忙交一篇活動稿。」

一直以來，我僅以寫日記的方式抒發鬱悶的心情，而從沒有其他寫作經驗的我，如今要面對的是一篇活動紀錄文稿，在第一時間找到美慧，提出問題：「要寫什麼？有沒有固定的格式要遵守？」

「沒什麼格式，就自由發揮！」美慧快人快語的回應。

「哦，知道了。」兒時的環境，形塑了我乖順的個性，只能順從的回答。

歲末祝福活動這一天，我認真的觀察活動進行，並將所看到的、所感受到的全寫進文章裡。那時雖已培訓，但對於感動點及慈濟語彙的運用，還不是很熟悉，最後文稿是繳交了，但我對文章的好壞，全然沒有自信！

不久，受證後，我順理成章的被歸類到人文真善美功能組。這個功能組常被志工戲稱：「哪一個功能組都能去，就是真善美那一組不要參加，他們白天來、夜裡去的，在組裡，常忙得看不到人影！」

我的個性內向不活潑，對於文字志工常常要在活動中，尋找受訪對象，採訪陌生人，我的心情往往比受訪者還緊張。有時甚至由自己嘴裡說出的話語，再聽進自己的耳朵裡，都感到有些語無倫次的。

但順從的個性又讓我不好婉拒，只能默默告訴自己：「這樣嚴峻的考驗，就當是一大挑戰吧！」而鍥而不捨、越挫越勇的勇氣，也讓我在一次次出班勤務中，累積許多寶貴的經驗。

享受出勤務時　從磨練中成長的快樂

「你們有觀察到，可以找哪一位小朋友分享嗎？」在關渡人文志業中心舉辦的大愛兒童體驗營活動中，資深志工高芳英帶著我，及另一位文字志工吳采榮，聚精會神的尋找訪問對象。

要在極短的時間裡，從一大群小朋友中，挑出口條清晰又具備邏輯概念的孩童，著實不是一件容易的事。我一直在仔細觀察，眼尖的搜尋到一張「既緊張又期盼」的臉。我心想：「這應該就是我們捕捉的對象。」便堅定的回答芳英：「左邊第二個，那位穿有帽子外套的小男生，我覺得可以找他分享。」

「不錯！觀察敏銳，我也是看同一個人。」芳英點點頭讚許道。三個人一陣交頭接耳；不僅描述目標者的位置、穿著，更重要的是毫不保留的，分享如同偵探般觀微知著的經驗。

「進入攝影棚，魔術王子表演隨處都可以變出銅板的魔術，吸取小朋友目光，隨著舞動的雙手，從小朋友的身上及頭上、攝影師兄身上……手到之處，銅板掉落桶子叮叮噹噹，小朋友看得目瞪口呆。」回想當時也坐在現場臺階上的我，一段現場節目描繪的詞句，躍然於電腦螢幕上，該篇作品上了新聞快報，的確鼓舞了我還在摸索的心。

從此之後，只要一有機會上寫作課，我再忙都要挪出時間參與研習。在老師的調教下，我開始跳脫活動稿慣有的思考模式，漸漸學會了如何增加文章內容的生動性，吸引讀者的目光。

參與人文真善美　生命變得豐厚圓潤

進入人文真善美的時間，已逾七個年頭，慈濟活動也跟著大環境改變而加快腳步，記錄社區志工、靜思精舍擴建、人醫會義診、志工早會……經由訪談走入他人的生命，探訪許多無量法門。

最近承擔靜思精舍文史結集，更讓平日忙碌於上班及志業，無暇汲取證嚴上人法水的我，抓住短暫的精進機會，豐厚了生命的內涵。生命的思考模式，變得厚實與自在。不自覺的將不可能的工作變為志業，常在寂靜的夜裡，伏案苦思，挑燈敲打鍵盤，完成一字又一句。

事業與志業、理性與感性兼容下，寫作，儼然成為我生活的一部分。我期許自己能將筆尖、鍵盤轉化成一篇篇，啟發人心的溫馨作品，讓現階段忙碌的人們閱讀時，有一分單純的幸福感！

（文：鄭淑真　臺北報導　二〇一三年八月十三日）

用相機「行願」

美之卷 | 黃宗保

（攝影：黃瑞芬）

「宇宙大覺者」端坐在廳堂裡，晶瑩剔透如佛光普照，道氣莊嚴。牆上有著用楷書題寫的「正見、正思惟、正語、正業、正命、正精進、正念、正定」之八正道，令人入室即感覺寧靜而愉悅。而書櫃裡擺滿了證嚴上人的書籍及《法譬如水》DVD，充滿人文氣息的布置，在在映襯著屋室主人的氣質與自我期許。

難忘的出班經驗

「在人文真善美，我覺得最辛苦的出班，就是要等待一個畫面但又不能影響課堂氣氛。」黃宗保手拿著相機恭敬的跪坐，等待十幾分鐘，就為了捕捉一個感人的畫面。

「我的膝蓋第一次跪到『黑青』（臺語）。」黃宗保說。

「看著學員專注的坐在蒲團上聽課，十分鐘過後，課堂氣氛開始有了變化。當下拿著相機的我，為對準鏡頭下的人物，起初也隨之起舞，所幸我及時察覺，只要耐心扶著鏡頭，不就可以把握好的畫面，隨時入鏡嗎！」

用心觀察、耐心等待，好不容易「喀擦」按了一下、兩下！達成任務的黃宗保終於可以站直起來時，「竟然頭昏眼花！站不住了！」他分享這段勤務中的趣事，自己也忍不住笑了出來。

危機化為轉機　專業人文並進

由於社區擴編，黃宗保受證慈誠後，即被賦予勤務副隊長的職務，他提到：「繁忙的勤務及人事調配問題，一再考驗著我。」黃宗保回憶當初進入慈濟的心情。幸而靜思語中提到的「人事的艱難與琢磨，就是一種考驗。」給了他一個省思的機會。

黃宗保說：「感恩危機也是轉機。讓我有機會深刻體會『四神湯』的妙用。」因而學會在人與人之間運用「善解」和「包容」，凡事正向面對，就可以減少煩惱與無明。又因為熱愛旅行與拍照，透過相機的觀景窗看到了真、善、美的世界。深思著要付出生命的良能，提升自己的人格，若能結合興趣及志業，當是一件自利、利他的美事，所以就常常把握因緣，支援人文真善美出班。

剛開始拍照時，黃宗保只會使用簡單的數位相機。為了拍出感人的作品，黃宗保再再思索如何提升自己的照相技術，以突破瓶頸，更上一層樓，因此參加了攝影班，研習更深入的技巧，提升攝影作品的水準，並幾度添購高性能的相機及鏡頭，期許自己可以拍出好作品。

豈料有一次出勤務時，相機拿起來就「喀擦喀擦」的猛按快門做紀錄。一場活動下來拍了四百多張，但殘酷的是，沒有一張相片適合，「這讓我感到很挫敗。」黃宗保語帶無奈的說。

但人文真善美幹事簡淑絲，透過一些看似與攝影無關的叮嚀，讓黃宗保有了不一樣的體悟：「慈濟的人文與拍照的默契，是不可以打閃光燈、不可以跑或大動作。中央走道不可以走、不能走到舞臺前、不可以影響課堂上或活動氣氛，服裝儀容也要注意，一定要整齊。自己是人文真善美的志工，大家都看得見你，這些小細節一定更要注意……」

後來到豐原靜思堂參加人文課程，因為坐得不端正，上課不到五分鐘，就接到一張小紙條從背後傳來，寫著「坐如鐘、立如松」，黃宗保馬上挺起腰桿，直到課程結束。原來不只要培養專業，也要在工作中自我修行啊！從此黃宗保更是隨時隨處自我要求注意言行，唯恐壞了人文真善美團隊的形象。

時刻學習啟智慧

以前黃宗保只知道慈濟是一個慈善團體，大家都在做好事，直到投入人文真善美，他才真正開始認識慈濟。曾經承擔過慈誠隊長的他，總是自動配合勤務，凡事盡心盡力，問他有何意義或體會，他一言以蔽之：「就是做好事嘛！」

為了能更加了解證嚴上人的精神理念，黃宗保開始出席讀書會、入經藏演繹，以此儲備智慧資糧。除此之外，也投入社區訪視工作，參與愛灑人間活動以及骨髓捐贈驗血活動。而環保人物、急難事件的紀錄，更印證了上人所開示的經中道理。

當遇到瓶頸時「人要克服難，不要被難克服」這句靜思語便浮上腦際，他隨即提起正念，靜思沉澱，思索著什麼是人文真善美需要的影像？原來相機不是拿起來就一直猛拍，按下快門前是要思考的，一定要跟著活動的流程走，深入活動的主題，才能融入環境，拍出來的相片才有故事性與生命力。相片重質不重量，並且要與文字志工密切配合，互相提醒，這樣才能產生豐富又生動的作品。

黃宗保終於體悟到，作品是否會說話，端看攝影者法有無入心，才能感動自己也感動別人。

安住願力　勇於承擔

這些年來，黃宗保隨著人文真善美團隊，回花蓮精舍記錄多場大型活動。「精舍營隊的要求跟我所想的不一樣，是非常嚴謹的。」但這是絕對有必要的，黃宗保手拿著相機，恭敬的跪坐等待，只為了捕捉一個感人的畫面。

一大清早學員拜經時，就得抓緊時間去拍攝旭日東升的空景或小品相片，以便文字志工製作簡報檔案時用，因此幾天下來，整個腦袋都在構思畫面，分秒不空過，雖然身體很累，但心靈卻是法喜充滿。

「影像是一個真實的報導，僅僅一個畫面就可以營造出很多不同的結果。」報真導實這個方向不變，越深入照相的領域，越讓黃宗保覺得自己的責任深重。

「人文真善美是報真導實。我既然選擇了這條路，我就沒有理由說NO！只要有需要我的地方，勇於承擔是唯一的選擇。」以前照片拍完上傳後就沒事，現在要做「離線編修」上傳FTP。為了寫好照片圖說，一邊拍照還要一邊做筆記。人、事、時、地、物，一個細節都不馬虎，務求做到步步踏實。

人文真善美的脈動很快，從以前照片、文字二合一，後來加上影像、剪輯三合一、四合一，現在更是要求結合影音五合一，黃宗保說要承擔就要跟著時勢脈動成長，自己的腳步要更快。

黃宗保自我期許，隨著歲月汲取法髓、累積智慧，以後老了即便扛不動照相器材，也可以發揮後製的專長，以舊法新知提攜後進，廣邀人間菩薩，接引更多人加入人文真善美團隊，為歷史做見證，記錄慈濟的大藏經。

現在黃宗保背著相機「行願」，在彰化、花蓮靜思堂，以及慈濟彰化社教中心，各個活動現場常常可以看到他的菩薩身影。在人文真善美的團隊裡，為慈濟一路走來的歷史足跡作見證的這份使命，正好可以幫他「圓夢」。慈濟改變了他，豐富也圓滿了黃宗保的一生。

（文：謝玉珠　彰化報導　二〇一三年七月二十八日）

剪輯當電玩的頑童

美之卷｜黃鴻明

（圖中，攝影：涂鳳美）

「你是怕老婆喔？不然為什麼不敢去！」「去就去，誰怕誰？」男人的面子哪能由人踐踏，禁不住好友言語刺激，黃鴻明又跟著同好喝酒去了。在杯觥交錯、酒酣耳熱之際，與好友把酒言歡，當下飄飄然的感覺真是快樂無比。但回家後，換來的卻是與妻子的爭吵和不悅……

婚後還像頑童　與兒爭搶電玩

黃鴻明的父親以礦工為業，身材壯碩又講江湖道義，常替人出頭爭論是非而四處得罪人，導致三不五時失業；母親則需協助外婆養豬以貼補家用。在困境中長大的黃鴻明，當學徒時省吃儉用，將節餘拿回家孝養雙親；卻在之後受到朋友引誘而染上喝酒、賭博的不良惡習。

結婚生子後的黃鴻明，不但惡習不改，還像頑童般與兒子爭搶電玩遊戲。有一天，他看到兒子在打電玩，怒罵道：「叫你不要打電動，你怎麼都說不聽！電玩真的這麼好玩嗎？」看兒子眼睛緊盯著電腦螢幕，理都不理他，他賭氣的繼續說道：「真的這麼好玩，那你教我玩玩看！」兒子喃喃的回答：「好呀！我教你玩啊！」

他在兒子身旁坐了下來，看著螢幕上的虛擬實境，一個人就足以撂倒全部的壞人，蓋世的武功傳奇儼然真實上演。「沒想到電動真的這麼刺激，好玩耶！兒子，你起來讓我玩玩看……」從此，黃鴻明一頭栽進電玩的世界，廢寢忘食，經常與兒子爭搶電玩。

講義氣當志工　為償慈濟人情

九二一地震發生後，慈濟志工紛紛上街勸募。有一位志工來到黃鴻明經營的柑仔店勸募，黃鴻明二話不說，隨即以父親的名義認捐。志工讚歎道：「你還想到用父親的名義捐善款，你這麼孝順應該來做志工……」不久，父親因病往生，多位慈濟志工前來參與告別式。事後，妻子對黃鴻明說：「欠人家的人情，你去做志工還人家。」妻子的這句話，讓為人講義氣的黃鴻明不甘示弱的回答：「做就做嘛！」

九二一南投災情嚴重，黃鴻明為了報答慈濟，毛遂自薦參與志工服務。志工給了明達廠（現臺北慈濟醫院）的地址，告知有遊覽車將載志工們前往南投石門村，協助受災戶搭建鐵皮屋。

第一次參與慈濟活動，這一天，黃鴻明凌晨三點多摸黑即起，循著志工給的地址，騎上機車從住家新店玫瑰城出發，一路上頂著又濕又冷的寒風，心裡一直猶豫、掙扎著：「真的要去嗎？」終於到了明達廠卻不見半個人影，黃鴻明內心竊喜著可以不用去了，他想都沒想的立即調頭離開，騎了不一會兒，內心那個充滿義氣的聲音出現了：「我若這樣走人，以後用什麼臉見慈濟人……」他調頭又轉回明達廠。

這時，一大群慈濟志工從屋內走了出來，黃鴻明在志工的熱情招呼下，依序登上遊覽車。抵達南投石門村才下車，當地志工立即端出一碗碗熱騰騰的鹹粥，這一碗鹹粥下肚，讓黃鴻明從身體暖到心裡，他想：「慈濟志工就是這麼貼心，難怪災民那麼感動，我應該好好向慈濟人學習……」

發心捐地下室　當人文工作室

但，學習談何容易。加入志工不久，錄影志工蕭正義邀約黃鴻明參與錄影工作，他直接推拒道：「我要顧柑仔店，空閒的時候要打電動，哪有空！」

「不然你來學剪輯就好了，不用出門……」蕭正義繼續遊說他。「好啦！你都這麼說了，我就試試看。」當時社區還未有剪輯功能組，黃鴻明拿著試用版剪輯軟體隨意操作後，驚覺到：「這比電動更好玩、更刺激，還更有挑戰性，有娛樂效果，又可以滿足小時後想拍電影的夢想，不錯喔！」

對剪輯興致濃厚的黃鴻明，不久後買下隔壁出售的房子。蕭正義建議他：「黃鴻明，你家地下室這麼大，可以當工作室呀！」黃鴻明想了想，能將家中空間妥善運用也不錯，便欣然允諾。

大文山區窗口施素英得知後立即勸募資金，購買電腦、攝影器材等，將地下室規畫成「真善美工作室」，影視、文字窗口于玉霞廣招影視志工共襄盛舉。每個月志工共修，就由蕭正義、高金傳、鍾正勳等人錄影，並將錄好的影帶交由黃鴻明試著剪輯。

自修摸索剪輯　幾度想要放棄

「剪輯」這門專業的學問，哪有這麼簡單！在摸索的過程中常碰釘子，黃鴻明於是報名參加北區剪輯課程。面對看不懂的英文軟體，是黃鴻明最大的挑戰，課後遇到問題無處可問，加上資訊不發達「我幹嘛做得這麼辛苦！打電動還比較有趣……」黃鴻明幾度想放棄，不做了。

蕭正義上班十分忙碌，為了安撫黃鴻明，於是買了幾本剪輯叢書請他再試一試：「你這麼聰明，看一看就會了啦！若有不懂，我們再看怎麼解決。」

講義氣的黃鴻明聽蕭正義如此褒獎他，心想：「人家這麼看重我，我怎麼能漏氣！」立刻答應道：「好啦！沒問題」從此，遇到難題，他就靠自己摸索解決。他試著背記英文單字的第一個字母，若遇到第一個英文字母相同，就認第二個英文字母；若英文多字重複雷同，就以土法煉鋼勤能補拙法，重複摸索、操作、測試按鍵，經確認功能鍵後，再次重複操作至熟練系列按鍵作業程序才罷休。所幸兩年後有了中文版剪輯軟體，操作也就更得心應手了。

團隊水乳交融　成就生命故事

二〇〇三年社區第一次製作「歲末祝福」影片，故事是敘述一對父母，在孩子車禍意外往生後傷痛欲絕，卻還能懷抱著大愛的胸襟，將孩子的器官，捐贈給急須幫助的六個等待器捐的患者，挽救了六個愁雲慘霧、瀕危破碎的家庭。這對父母不但要面臨失去孩子的悲痛，還要勸說保有全屍觀念的爺爺、奶奶，同意捐獻孫子的器官。

當真善美夥伴得知這一個感人的故事，工作室每天擁入一批志工：王明浩、蕭正義、黃鴻明，文字志工朱英彥、林美蘭等人。因為還要上班，天濛濛亮時，大夥兒就趕緊利用時間摸黑聚在一起集思廣益，討論影片架構該如何呈現。諸如採訪的步驟、情節順序安排、段落的輕重排列、怎麼從專訪中擷取畫面、影片中段落之間的銜接、如何用畫面表達事件、故事的關聯性與轉折等等。

製作影片期間，團隊成員幾乎天天沉浸在故事中，大家好似都已身歷其境、感同身受、情景交融，不分你我，只有一個共同的目標：將這一個感動人心的故事忠實呈現。文字、企畫、攝影、錄影、配音、後製剪輯，各自貢獻所長，當影片完成播放時，團隊成員幾乎都紅了眼眶，甚至掉下淚水，是辛苦有成的淚水，也是受到故事主人翁感動的淚水。

藉由他人故事　修正自己習氣

經過這一次實際參與影片製作，感受到真善美團隊「報真導正」及「傳揚美善」的使命，黃鴻明不但不再沉迷於電玩遊戲裡，反倒出任務的時間變多了。

「黃師兄，颱風來了！到山區要小心喔！」資深志工施素英與吳隆盛總是不厭其煩的再三叮嚀，讓黃鴻明看到帶頭者的領導典範，也體會到志工們即使再苦再累，都甘之如飴、無所求的精神，應該抱著一分感恩與尊重的心相待。

現代年輕人普遍在物質優渥的環境下成長，父母也讓子女接受高等教育，有感於此，黃鴻明希望接引新芽。除了培育專業技能，更著重長幼有序、尊師重道的人倫傳承，以愛凝聚團體中的每一位成員。領導者知行合一才能帶人更帶心，讓慈濟的菩提枝葉得以順利的繁衍、茂盛。

工作室的通訊軟體不時響起，黃鴻明一一回覆大愛電視臺節目《人間菩薩》製作團隊關於剪輯功能、影片結構等難題。藉錄影剪輯回溯過往的竹筒歲月，雖然來不及參與慈濟的過去，如今已成為替真善美鋪路的耕耘者，黃鴻明與有榮焉。

黃鴻明的成長，看在母親和妻子眼底感觸深刻，促使她們也參與了培訓和受證，更改善了他們夫妻的相處模式。現在夫妻倆偶有意見相左、爭執不下時，黃鴻明總是立刻開啟手機裡的每日一句靜思語：「仰天想把痰吐到天上，這口痰終究落到自己身上；隨口罵人，就是罵自己。」兩人看了看，化干戈為玉帛，相視而笑……

（文：胡淑惠　臺北報導　二〇一三年七月二十三日）

七老八十 學留文史

美之卷 | 簡婉平

（圖右，提供：鄭茹菁）

年齡對女人而言可能是敏感話題，但簡婉平（法號：慈恆）卻不以為意，常掛在她嘴邊的一句話是：「現在不做慈濟，難道要等到坐輪椅那天嗎？」

生於戰亂　長於顛簸

一九三八年簡婉平於香港出生，當時中日戰爭如火如荼，炸彈都扔到家門口了，簡婉平的父親於是決定於一九四〇年先行赴美，簡婉平的母親帶著她回中國，母女倆在大陸四處逃難，一直到一九四九年才輾轉又到了香港，幾年後移民美國繼續學業。

簡婉平十六歲來美，說得一口流利英語，但她說的國語卻常成為經典「笑話」，每句都能造成噴飯「笑」果，為忙碌的社區志工工作注入許多輕鬆的話題。追根究柢，簡婉平的母語是粵語，逃難時走過一個又一個村，當時還是孩子的她，有一天沒一天的學習，造成中文基礎薄弱，雖苦讀唐詩及中國王（陽明）學，但對歷史人物仍有些錯亂。

二〇〇七年，慈濟拉斯維加斯聯絡處志工擬推舉簡婉平擔任負責人，她一度猶豫自己能否承擔，擔心自己的年紀和體力不堪負荷，於是有志工開導她：「天將降大任於是人也，必先苦其心志，勞其筋骨，餓其體膚，空乏其身，行拂亂其所為，所以動心忍性，曾益其所不能。」簡婉平認真聽完，真心實意的問：「說得真好！是國父孫中山說的嗎？」

雖然沒熟讀論語、孟子，然而，國語都說不順的人，竟然能夠在幾年後寫出一篇又一篇的感人報導，應證了上人常說的「有心就不難」。

盡心學習　人老心不老

早期國際賑災嚴格限制六十五歲以下的志工方可參加，讓三番兩次被拒於門外的簡婉平，開始透露對自己的「芳齡」有些感冒；二〇〇五年美國境內發生卡崔娜颶風災，不服老的她，向慈濟全球志工總督導黃思賢力爭：「國際賑災嫌我老，國內賑災總可以去吧！」因而得以在卡崔娜颶風期間遠赴德州休士頓及達拉斯賑災，得償心願。

她當時與拉斯維加斯人文真善美幹事鄭慈暎同行，常常瞪著眼珠子看人家在電腦前施展「彈指神功」，用手支著她的瓜子臉，很崇拜的說：「好羨慕啊！」鄭慈暎鼓勵她說：「妳也能啊！學就會啊！」

沒想到簡婉平上了心，下決心當學徒，拜鄭慈暎為師學報導。當鄭慈暎隨隊出發賑災，返回會所立刻投入筆耕紀錄，簡婉平怕小老師餓著了就代為打飯。七十歲的老太太一手拿飯盒、一手端熱湯，用腳頂著門，顫巍巍的送飯給鄭慈暎，那是拉斯維加斯慈濟團體裡，最感人的畫面之一。

由於鄭慈暎常常趕稿子到深夜，每天早上都會賴床，簡婉平總是小聲要求同室的志工：「小聲點，讓她多睡會兒。」等到鄭慈暎起床，她已將牙膏擠在牙刷上，又趕緊幫鄭慈暎把棉被疊好，表面看來是簡婉平善盡「學徒」的職責，其實那是一個資深慈濟人用心照顧的表現。鄭慈暎深受感動，抱著簡婉平說：「這樣好了，從今天起，我就收妳當『乾媽』！」

人家是乾媽收晚輩，鄭慈暎卻反過來收了簡婉平做「乾媽」，她倆從此結下不解之緣。兩人的生肖都屬虎，相差二十四歲，但簡婉平是「紙老虎」，鄭慈暎卻是「母老虎」，一天到晚對「乾媽」耳提面命。原本應該是小的照顧老的，沒想到鄭慈暎卻在二〇〇八年病倒，簡婉平先後陪伴乾女兒進出醫院急診四、五次，除夕夜在加護病房被醫生宣布放棄時，鄭慈暎還拉著簡婉平的手懺悔，所幸手術後救回一命。療養期間，簡婉平一人獨守病重的乾女兒，法親之情流露無遺，這是真善美志工相濡以沫的感人詩篇。

乾媽學徒　從頭學起

初學中文打字，鄭慈暎從ㄅㄆㄇㄈ教起，簡婉平看得頭昏腦脹；當簡婉平一個指頭一個指頭慢慢敲打出中文字，鄭慈暎在一旁笑彎了腰：「原來少林絕學一指神功不過如此！」簡婉平剛開始練習中文打字時災難連連，用滑鼠常搞不清楚按左鍵還是按右鍵，有時累到自己睡著了，電腦也睡著了，最後還得請專家叫醒她的電腦。

鄭慈暎也常在半夜接到求救的電話：「不見了！全部不見了！」有時簡婉平思索著如何拼音，一個按鍵按錯了，就把稿子全刪了，她就這麼一次又一次重打，每當夜半鈴響，鄭慈暎就睡眼惺忪的問：「又不見了？」後來為解決拼音緩慢的難題，簡婉平買了可以手寫國字的輸入軟體，省下大量思考的時間。

注意到簡婉平的英語優勢，鄭慈暎建議她主攻「採訪」。簡婉平按照指導，學習事先做功課準備材料，學習觀察人、事、時、地、物；學習問問題及引導受訪人透露資訊，她的第一個實務功課就是採訪鄭慈暎。當簡婉平花了三天三夜總算完成了她的第一篇報導，並刊載在地方報紙，很多人讀著讀著就笑出了眼淚，與有榮焉的鄭慈暎說：「如果妳的文章能讓讀者笑了或哭了，這個報導就成功了！」

老人家拍照極具挑戰，拿不穩相機、抓不住快門的後果是失焦，鄭慈暎不忍心指責，看著那半片模糊說：「妳的構圖不錯嘛！學過美術嗎？」簡婉平學國畫，還開過畫展，拍相片的時候知道如何取景和留白，得到鼓勵後的簡婉平更勤奮學習，她照了上千張相片才學會不發抖，這次她更弄清楚了歷史：「國父十次革命成功，我學照相都革命了上千次！」

「活到老、學到老」的簡婉平搬到南加州後，發揮「抗戰精神」，參加多精進課程，用心向高手求教，以驚人的耐力學會電腦，現在她的能用流利的中文寫作，使用電腦的能力也在「銀髮族」中可稱翹楚！照相技術從模糊一片進步到有模有樣，筆耕及攝影作品為慈濟美國「幸福校園」（幫助美國公立學校貧困學童）活動，留下許多寶貴的文史，一如證嚴上人說的：「有願就有力。」

幸福校園　把愛背回家

二〇一〇年，簡婉平搬家去了加州，正好趕上慈濟美國總會慈發室，發動各分支聯絡點一起把「幸福校園」做起來。她在擔任拉斯維加斯聯絡處負責人時，率先啟動「幸福校園」計劃，每週五送食物背包到指定小學，給週末挨餓的貧困學童，至今已連續送愛到校園達七年之久，她也是這個計畫的人文真善美志工，完整記錄了慈濟人陪伴貧困學童的過程。

透過簡婉平的筆耕和攝影，讀者看到了慈濟人耕耘「幸福校園」的點點滴滴。自二〇一二年九月起，志工在聖地安那的羅曼亞庫孜小學，每週發放食物背包給四十位貧困學童帶回家過週末；二〇一三年一月起，橙縣團隊又多了一個「幸福校園」，每週到林肯小學發放食物背包給六十位貧困學童，此後一路增加六所小學進入「幸福校園」，為幾百名貧困學童，提供一個個溫飽的週末。

為節省經費，簡婉平親自到食物銀行，及各低價的墨西哥超市採購食物，深入兩家食物銀行，把食物背包的成本從六元降低到三元以下，如今的「幸福校園」以更少的經費服務更多的貧困學童。

從簡婉平的報導中，也看見了孩子的改變及成長，學生親手寫感恩信：「謝謝慈濟，謝謝簡婉平，我將回來協助打包，幫助更多需要食物背包的人！」為貫徹發放行動，簡婉平號召了慈濟志工參加聖地安那學區的發放，獲得許多主流社會的獎狀及好評；她接引學校教職員及社會愛心人士，組成一個「七老八十」的大家庭，都是七十歲至八十歲志工，每逢星期四和星期五就「每傳必到」，做得歡喜滿滿。

簡婉平用她皺紋滿滿的雙手，在電腦上敲敲打打出許多感人的故事，曾經開過畫展的簡婉平，更以她特有的藝術修養，拍出了許多充滿人文的活動照片，因為她，讓「幸福校園」更加幸福！

人生的意義是什麼？簡婉平說過：「我曾經為社會奉獻過一點點，我的人生沒有空白來一回，也不會交白卷離開這人世間。」但現在她改口了：「人生的意義就是愛灑人間，行孝及行善皆不能等待，不要等到『來不及』的那一天！」

（文‧鄭茹菁　美國拉斯維加斯報導　二〇一三年十一月十五日）

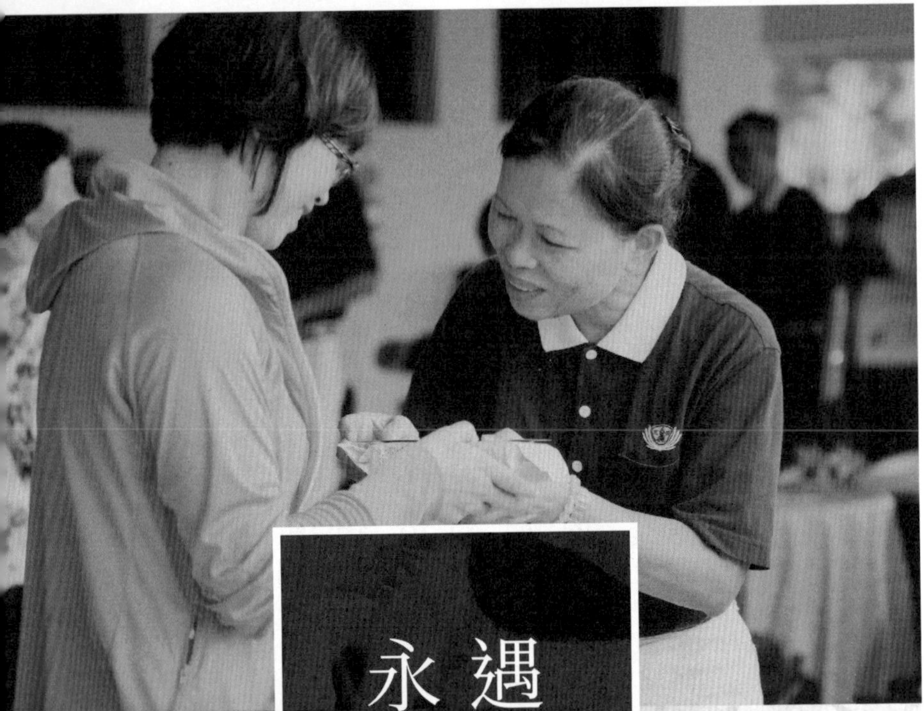

遇挫永不放棄

美之卷

李德美

(圖右，攝影：曾淑穎)

「我想每個月捐款給慈濟，妳覺得呢？」一九九一年的一天夜裡，我先生吳基安語調溫和的徵詢我的意見。

「慈濟是什麼？我每天要帶孩子上下學、看功課、做家事……還要上班，都已經忙翻天了……」忙碌的生活，讓我煩躁的無法再承載一丁點兒壓力。

發過一陣牢騷之後，見先生默默不語，我心生不忍，偷瞄了他一眼，耐住性子回答：「什麼捐款啊？我很累了，你自己去處理啦！」

凡事把握因緣　免得空留遺憾

得到了認同，基安便自己打電話到慈濟臺北分會，幾天後慈濟志工來電話，約好到家裡收功德款。就在一個假日的上午，我們與志工吳碧雲初次見面，並約定每月固定時間到我上班的學校收善款。

之後，吳碧雲每個月依約到辦公室收功德款，並送來《慈濟》月刊及傳達慈濟活動訊息。從吳碧雲言談中，我逐漸了解慈濟的善行，漸漸被證嚴上人的慈悲德行所感動，但並沒有將感動化為行動。

吳碧雲曾多次邀約我們夫妻倆參加「慈濟列車」，前往花蓮靜思精舍，我總是找藉口推辭；後來「慈濟列車」走入歷史，我們倆成為「慈濟列車」永遠的缺席者。直到現在，這件事我仍深深記憶著，並時時提醒自己——凡事要把握因緣，否則錯過先機只有空留遺憾。

與人文真善美　結下不解之緣

先生捐善款的「一念心」成就我進入慈濟的因緣。二〇〇〇年我受邀帶著孩子參加親子成長班，接著承擔暑期營隊的隊輔媽媽；兩年後報名慈濟委員培訓。在聯誼活動中上臺自我介紹，一時緊張說：「我的專長是電腦……」因為在職場學會 Word、Excel、「非常好色」等軟體，就自以為懂電腦了，殊不知如此的自我介紹，讓自己誤打誤撞進入從沒接觸過的功能組。

自我介紹完，走下臺，志工黃鳳玉馬上靠近，邀我加入文宣組。「什麼是文宣組啊？」我還摸不著頭緒，就糊裡糊塗的應允，被安排承擔文字工作。從此之後，每寫一篇文章，都耗盡心思與時間；好像生小孩，過程很辛苦，但是生出來的感覺很喜悅！

但先生看我經常挑燈夜戰，擔心身體吃不消，勸我不要再寫了。我也思索過「要不要脫隊呢？」然而總是有一股力量，讓我堅持下去……

菩薩身影　筆觸展動人的力量

話說二〇〇七年，我負責撰寫慈濟志工余桂子的「榮董傳」，從採訪中得知余桂子患有氣喘病，天氣一變化就出現咳嗽、呼吸急促等症狀，她卻不在意病痛纏身，還一心繫念環保站的大小事情；只要身體稍有好轉，她就生龍活虎的在環保站付出。余桂子總是說：「可以幫上人多承擔，就要趕快做。」她覺得能活動、能做事就是種福氣。

那時深深被余桂子的一言一行所感動，便將她動人的生命故事撰寫成一篇文章，大愛臺看到後，拍攝成《人間菩薩》影片，讓美善的故事得以傳揚在人間。

二〇〇八年，我和影視志工羅舜仁到慈濟中山聯絡處參加「影片企畫與製作」課程，在導演的指導下，團隊共同完成《余桂子屋盡其利，物盡其用》的環保影片，被上傳在慈濟歲末影展的網站上；我深切感受到，有幸將菩薩身影完整記錄下來，是多麼令人興奮的事！何況這樣的人品典範故事，透過報導必定能夠啟發無數會眾，成為大家學習的楷模。

二〇一〇年我跟著訪視組到吳市女士家裡做關懷。二十幾年前，吳市女士因做家事摔跤傷到頸椎，造成全身癱瘓臥床。當時三個孩子還幼小，她為了不連累家人，曾有二十幾次想了結生命。然而聽到女兒跪在病床邊哭喊：「媽媽您不能死，您死了我們怎麼辦？我們不是更可憐嗎？」吳市女士心都碎了，想到孩子年幼無辜，所以她努力做復健，勇敢堅強活下來。

吳市女士雖然長期臥床，但是她不被命運擊倒，以肚子當桌面，運用萎縮捲曲的右手縫十字繡、無字繡、不織布蛋糕，作品維妙維肖，深受眾人喜愛，並以作品和大家結緣或提供義賣。吳市女士也經常以自己的遭遇，來鼓勵病友要勇敢面對考驗，也現身說法引導苦難人走出黑暗，迎向陽光。後來我以「生命的勇者」來下主標，讚揚對吳市女士的佩服和感動。

只要堅持不懈　必有貴人相挺

雖然已投入文字紀錄多年，偶爾仍有抓不到活動主軸的困擾，費盡心思寫稿，得到的回饋卻是「文章像流水帳，沒有重點」。有一次承擔北區活動紀錄，必須在短時間內完稿。面對被催稿，我的腦筋一片空白，只好草草寫完交稿。「德美，妳寫得文不對題！」卻當眾被審稿者大聲指正，令我一陣錯愕……

我故作鎮定的回應：「哦！那我拿回來再修改……」當下內心卻吶喊著：「羞愧死了！趕快找機會離開現場。」緊張得心臟好像擊鼓一般，蹦蹦蹦的跳個不停，滿臉漲得紅彤彤。坐在身旁的志工徐璟宜察覺到我的不安，立即體貼的給予關心：「不要急！我來幫妳修修看。」讓我終於鬆了一口氣，不安的心得到舒緩。

接到勤務通知時，我總是躊躇不前！可是想到大型活動缺乏文字紀錄人手，就心生不忍再次承接任務。有一次，在短時間內記錄多個座談，一時之間不知道重點在哪裡，不由自主的慌張起來，這時候志工朱英彥出現在我身邊，適時的提醒紀錄重點，我就像大海中迷失的船隻，找到一盞明燈指引正確方向，順利的完成任務。

感恩一路走來很多善知識的陪伴與指導，讓我漸漸找到撰寫文章的方法。只要想到志工余桂子及吳市女士，勇敢面對人生無常的堅毅精神，自忖「遇到一點挫折就要退縮嗎？」我永遠記得證嚴上人這句靜思語：「人生最大的成就是從失敗中站起來」，於是調整心態重新出發，要堅持下去，為慈濟留下一篇篇真善美的紀錄。

夜深了，屋裡經常環繞敲響鍵盤的聲音，基安總是會陪在我身旁，貼心的遞上茶水提醒：「喝杯熱茶，累了休息一下吧！」經過慈濟人文真善美的洗禮與淬鍊，抬頭接過茶杯，我以溫柔的口吻享受著熱茶回應：「好加在！當初你有堅持捐善款……」基安笑著回答：「好加在！最終妳沒有放棄寫文章……」面對夫妻關係的改變，我們倆對望一眼，不禁莞爾會心一笑。

（文：李德美　新北市報導　二〇一三年七月二十一日）

我有一支幸福筆

美之卷

陳金香

（攝影：林思源）

「啊！金香師姑的稿件傳真來了……」期刊同仁一邊接收從傳真機發來的稿件，一邊說著：「師姑寫了八張稿耶！又是長篇故事，若師姑會用電腦打字多好……」

十年前，同仁每每接獲陳金香的手抄稿，就必須代打七、八頁的稿紙。因經過塗改液或用筆刪除，字體模糊不清，以致同仁需要致電向她求證，如此一來，總是耗費不少時間。

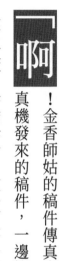

爬格、寫稿　收穫心中喜悅

寫作人常把寫文章比喻為「爬格子」，意喻著美妙的文稿，都是一格一格艱辛的「爬」出來的；筆耕，就如耕田一樣，構思和書寫就像鬆土、播種、施肥，過程難免艱辛，一旦收成時，卻有著目睹生命綻放的喜悅從心底湧出；這就是陳金香寫作多年的心情寫照。

今年五十七歲的陳金香是慈濟雪隆分會的資深筆耕志工，十多年前在莎亞南慈濟會所開始第一篇文章〈兒童精進班〉，之後就一直在「格子」上深耕而無法自拔。陳金香憑懂得一點寫作皮毛，懵懵懂懂「被安排」承擔活動紀錄，不知道什麼是慈濟文稿、什麼是人文真善美，更沒有團隊可以商量。

不識電腦操作的她，開始做筆耕時，在潔白的稿紙上用筆寫下一篇篇的慈濟故事，並學習在活動中找人做採訪；每每一篇報導完成後，交給職工室同仁處理就了事，從不追問那篇稿子的後續。「寫好稿交出去，就是屬於慈濟的，做就對了！」

從戰戰兢兢的寫，到現在得心應手，陳金香覺得使她投入筆耕最大的推動力，是從受訪者身上吸收了很多感動人心的能量，讓自己的生命變得豐實。

愛聽故事　主婦變幸福作者

在投入筆耕之前，陳金香原本只是一個埋頭幫先生顧店做生意，處於柴、米、油、鹽中的家庭主婦，現在為了要書寫慈濟裡感動的人、事、物，不會開車的她，常搭乘大眾運輸走遍雪隆各地，甚至跨州到其他慈濟據點，接觸許多有故事的人。她變成忠實聽眾，成了愛聽故事的人，有不少志工都會主動前來向她分享。

對陳金香而言，聆聽他人的故事，是最幸福的時刻。她坦言，自己是個內向的人，最不擅長的就是與他人交流。可是，為了要做筆耕，只好硬著頭皮與人交談，再從中慢慢學習。自他人口中說出來的故事總是帶給她無限的感動；久而久之，她也開始懂得用一顆慈悲柔軟的心去傾聽悲苦的聲音。

「在採訪過程中，看到可愛的老人家放下身段歡喜做慈濟；也看到環保志工以最單純的心去疼惜地球；採訪照顧戶時，聽到很多感人甚至激勵人心的故事，更看到了生命的堅韌。」

令她難忘的，是在二〇〇三年，所寫的第一篇個案故事，採訪照顧戶——梁德鴻。患有脊椎僵硬症的他不良於行，長期臥躺的生活靠著老媽媽照顧。但年輕的梁德鴻樂觀面對病痛，還會唱歌逗媽媽笑……

當下筆寫這篇故事時，陳金香忍不住一邊掉淚，感動梁德鴻的豁達也感嘆造化弄人，更體會到「無常擋不住」，進而警惕自己：「要把握每一個可以付出的機會！」

真心是妙筆　毋需華麗

「人物故事最感人，平凡中必有不平凡處，從細節裡尋找寶藏，敏銳觀察細心體會。」將他人的故事與自己的生命相照映，猶如在「寒冬中看見春陽，悲苦中體會幸福」。陳金香把每一位有緣人的心靈好風光都用心一一書寫出來，希望藉由文字散播感動，進而影響更多的人。

曾經，她採訪一位獨居老阿嬤的故事。阿嬤租住的房間堆積滿滿的垃圾及雜物，無處可睡，只能蹲在房內一隅，枕著雜物，伴著老鼠、蟑螂睡覺。直到慈濟志工幫阿嬤找到新居並為她搬家、清理舊居的雜物，阿嬤總算可以躺在舒服的床上安眠。這一篇文章被刊登在《慈濟月刊》，有讀者邊讀邊流淚，以此提醒自己對父母要盡孝……

每收到讀者的回饋，有些讀者給予陳金香寫作的肯定，她告訴對方，不是她的文字寫得好，而是受訪人的故事打動她的心，才能讓她將感動化為文字。

因此，當聽到志工說不敢提筆寫作，大家總是認為「我不會寫，我從來都沒有寫過……」、「我的文筆不好，寫出來不好……」等的心理障礙，她就會跟志工分享：「慈濟的報導最容易寫，因為不需要華麗的文字和言辭，只要用最真誠的心，將看到的人事物寫出來，必能感動和啟發他人。」

她也常將聽到的故事與其他志工分享，「聽故事的人」也變成「愛講故事的人」。讀者的回饋讓陳金香有勇氣在筆耕的路上不斷排除障礙和困難。

筆耕　只有快樂從沒痛苦

陳金香憶述十多年前，自告奮勇要去雙溪毛糯痲瘋病院採訪，約定一位志工中午十二點在吉隆坡甲洞火車站接她。因為怕遲到，她早上十點就出門了。不料，初次乘火車的她，直坐到森美蘭州的芙蓉火車站後，才驚覺路線不對，輾轉問人發現搭錯了車，只好從芙蓉搭火車回到吉隆坡中央火車站，再轉搭另一趟火車。

「抵達甲洞時，已經是下午二、三點，那位等我的志工臉都拉長了。當時，我又渴又餓，但又不好意思要求那位志工帶我去吃飯，在又飢又渴的情況下，到痲瘋院做第一次的採訪……」

雖然很漏氣，但陳金香激勵自己要堅持下去。二〇〇四年，斯里蘭卡發生海嘯，陳金香到斯里蘭卡參加國際賑災，承擔人文真善美。不懂得操作電腦，她手寫的稿件得靠搭檔的影視志工幫忙打字，看到伙伴要剪輯畫面還要打字，連休息的時間都沒有，當下，她深感慚愧，下定決心一定要學會用電腦打字。

身為「電腦盲」，要學電腦真是一點都不簡單，尤其不會漢語拼音，從零學起。她遂天天抱著電腦，步行半小時到鄰近的靜思書軒請教同仁，然後又抱著電腦走回家。一點一滴的累積，她終於學會操作電腦並打出一篇文章。

「用電腦打字好苦，常覺得被電腦欺負。可是，有心就不難，我現在不但可以打字，會做簡報，還會上網。」學電腦，印證了生命中沒有克服不了的困難。陳金香回憶所走過的路，覺得步步都是快樂的。

在一次採訪中，接獲先生來電告知家裡遭人行竊，先生要求她馬上趕回家。她心想，該偷的都偷走了，回去也無補於事，她不動聲色，繼續未完的採訪。抵家時，見到屋裡一片狼藉，現金和慈濟法船都一洗而空。她雖感心痛，但因為要完成報導，不再多想，稍微收拾屋裡，馬上開啟電腦，一字字的將剛採訪的資料打成文字……

還有一次更難忘的事件。當時陳金香一邊顧店，一邊記錄前晚慈濟活動的一幕幕，沒想到先生從家裡打電話來，連聲的喊：「家裡發生火災！」受到驚嚇的陳金香趕回家，放在門前鞋架上的回收資源不知何故燃起熊熊烈火，先生被困在屋裡不能出來。幸好，消防員及時趕到將火撲滅，家人才安然無事。

那晚，坐在燒焦漆黑的家裡，陳金香想起明天要交的稿件，但家裡的電源被切斷了。於是，她將椅子搬到屋外走廊，借用戶外的昏黃燈光來寫稿。完成後，整個人沉浸在溫馨感人的畫面裡，忘了自家遭殃火災的驚恐。

回憶裡，點點滴滴都是感動的故事和身影，因此，不管遇到什麼逆境，她不覺得那是「苦」。「比起那些貧窮、病痛的人生，我覺得自己很幸福。有人問我做筆耕最苦的是什麼？最快樂的是什麼？我說呀，做筆耕，只有快樂沒有苦！」

上人說道理　我們講故事

「寫出來的文章一定要有慈濟味道嗎？不把上人的靜思語放進文章裡就沒有上人的法嗎？」在雪隆筆耕共修交流會上，陳金香以多年撰寫大藏經的經驗，一再提醒大家：「故事我們寫，道理上人講，過程要用心，結果要隨緣。」

「很感恩這十多年來一直在人文真善美的崗位，未曾放棄手中這支幸福筆。回想沒有做慈濟時，我很喜歡旅行，每年一定會和師兄出國遊玩，當時覺得人間最美的是那些湖光山色；然而，進來慈濟之後，已經有十多年沒出國旅行了，再美的風景都不如心靈風光呀！」

千帆過盡皆不是。任世間再美的景致，也終將壞空，唯有人人心中那份美善才能超越時空，永恆不滅，化做生命中最美好、最珍貴的回憶。

如今，在找尋歷史的迂迴過程中，陳金香有著深刻的體悟——不管是錄影、圖像還是文字，都是最珍貴、最真實的見證。人的記憶或許會隨著時間逐漸模糊、消失；但那些被存留下來的影片、圖像和文字，卻永遠經得起歲月的考驗。所以要好好緊握這支幸福筆，用心、用愛記錄每一位人間菩薩的身影，完成一部部大藏經，讓慈濟人、慈濟事在歷史的長河中，永遠存在，永遠鮮明。

（文：顏倩妮　馬來西亞雪隆報導　二〇一三年七月二十五日）

說故事的人 03 發現美麗身影

作　　者／鄭茹菁．卜埼慈．陳婉貞．林玲俐．胡淑惠．陳素蘭．王鳳娥．沈玉蓮．彭鳳英．
潘明原．陳穎茂．吳瑞清．凌涵沛．洪乃文．楊淑如．鄭淑真．謝玉珠．李德美．
顏倩妮（慈濟人文真善美志工，依篇章順序排列）

策劃指導／顏博文（慈濟基金會執行長）
總 策 劃／何日生（慈濟基金會副執行長）
出版統籌／賴睿伶（慈濟基金會文史處）
企畫編輯／倖開璿．廖右先（慈濟基金會文史處）
編　　校／陳姝伃（慈濟志工）

圖文協力／文史處圖像組

責任編輯／林欣儀
美術編輯／劉曜徵

總 編 輯／賈俊國
副總編輯／蘇士尹
行銷企畫／張莉滎．蕭羽猜．黃欣

發 行 人／何飛鵬
法律顧問／元禾法律事務所王子文律師
出　　版／布克文化出版事業部
臺北市中山區民生東路二段 141 號 8 樓
電話：(02)2500-7008 傳真：(02)2502-7676
Email：sbooker.service@cite.com.tw
發　　行／英屬蓋曼群島商家庭傳媒股份有限公司城邦分公司
臺北市中山區民生東路二段 141 號 2 樓
書虫客服服務專線：(02)2500-7718；2500-7719
24 小時傳真專線：(02)2500-1990；2500-1991
劃撥帳號：19863813；戶名：書虫股份有限公司
讀者服務信箱：service@readingclub.com.tw
香港發行所／城邦（香港）出版集團有限公司
香港灣仔駱克道 193 號東超商業中心 1 樓
電話：+852-2508-6231　傳真：+852-2578-9337
Email：hkcite@biznetvigator.com
馬新發行所／城邦（馬新）出版集團 Cité (M) Sdn. Bhd.
41, Jalan Radin Anum, Bandar Baru Sri Petaling,
57000 Kuala Lumpur, Malaysia
電話：+603-9057-8822　傳真：+603-9057-6622
Email：cite@cite.com.my
印　　刷／韋懋彩色製版印刷有限公司
初　　版／2021 年（民 110）8 月
售　　價／300 元
ISBN　978-986-0796-19-3
EISBN　978-986-0796-23-0

說故事的人．第三卷，發現美麗身影 / 鄭茹菁，卜埼慈，陳婉貞，林玲俐，胡淑惠，陳素蘭，王鳳娥，沈玉蓮，彭鳳英，潘明原，陳穎茂，吳瑞清，凌涵沛，洪乃文，楊淑如，鄭淑真，謝玉珠，李德美，顏倩妮作．-- 初版．-- 臺北市：布克文化出版事業部出版：英屬蓋曼群島商家庭傳媒股份有限公司城邦分公司發行，民 110.09-

221 頁；15x21 公分

ISBN 978-986-0796-19-3
(第 3 卷：平裝)

1. 志工 2. 通俗作品

547.16　　110011956

城邦讀書花園 www.cite.com.tw　布克文化